New

쉽고 빠르게 배우는

초스피드
일·본·어

조대하 · 강영부 · 李左知子 · 石山哲也 공저

3

YBM YBM 홀딩스

쉽고 빠르게 배우는

초스피드
일·본·어 ❸

발 행 인	권오찬
펴 낸 곳	와이비엠홀딩스
저 자	조대하, 강영부, 李左知子, 石山哲也
기 획	고성희
마 케 팅	정연철, 박천산, 고영노, 박찬경, 김동진, 김윤하
디 자 인	이미화
초판 발행	2010년 1월 10일
4쇄 발행	2013년 10월 11일
개정판 1쇄 발행	2016년 4월 20일
개정판 5쇄 발행	2023년 7월 20일

서울시 종로구 종로 104
Tel (02)2000-0154 / Fax (02)2271-0172
신고일자 2012년 4월 12일
신고번호 제2012-000060호
홈페이지 www.ybmbooks.com

ISBN 978-89-6348-139-5

본 교재는 일본어 초급과정을 마친 학습자를 대상으로 만든 교재이다. 듣기 · 말하기 · 읽기 · 쓰기라는 언어의 4기능을 골고루 배양하면서도 실용적인 의사소통 능력을 갖출 수 있도록 구성했다.

본문 내용은 일본인의 생활문화와 관련된 화제를 중심으로 구성하면서도 현 학습 단계에서 반드시 익혀야 할 주요 표현을 적절히 삽입해 학습을 극대화할 수 있게 했다. 또한 초급을 마친 학습자가 자칫 소홀히 하기 쉬운 문법사항에 대해서는 주요 문형을 기반으로 한 다양한 연습문제(Challenge) 및 회화연습(Talk&Talk)을 통해 자연스럽게 익힐 수 있도록 했다.

일본어 학습에 있어 일본문화에 대한 소개는 학습에 대한 흥미와 동기 부여에 중요한 요소이므로, 각 단원의 도입부에 단원의 주제와 관련된 문화를 소개해 학습자가 관심과 흥미를 가질 수 있도록 내용 선정에 신중을 기했다.

일본어 교육을 오랫동안 담당하면서 중급 이상의 학습자를 위한 효과적인 교재가 없음을 실감해 왔다. 이에 보다 효과적이고 실용적인 교재를 만들기 위해 연구하고, 교육현장의 여러 교사들의 의견 및 학습자들의 요구를 수집해 왔다.

이러한 학습자들의 요구를 반영해 한국일어교육학회를 중심으로 일본어교육 전문가들이 모여 그동안 축적한 연구자료를 모아 본 교재를 만들게 되었다. 이와 같은 의미에서 지금까지의 교재와는 차별화된 일본어 학습서가 될 것이라 확신한다.

끝으로 본 교재가 발간되기까지 애써 주신 모든 분들께 감사드리며, 특히 발간 기획을 세워 주시고 꼼꼼한 편집, 교열을 해 주신 YBM 일본어 관계자분들께 고마움을 전한다.

집필자 일동 드림

본문

花粉症

일본에서는 봄이 되면 꽃가루 알레르기 때문에 고생하는 사람이 많은데요, 이러한 '꽃가루 알레르기'를 일본에서는 「花粉症」라고 합니다. 일본에는 삼나무가 많아서 그런지 삼나무 꽃가루(杉の花粉)가 알레르기를 일으키는 가장 큰 원인이라고 해요. 요즘에는 꽃가루를 차단하기 위해 항균마스크(抗菌マスク)를 쓰고 다니는 사람이 많아졌다고 하는데요, 민트향을 비롯해서 여러 가지 아로마향을 가미한 마스크도 있다고 하네요.

학 / 습 / 포 / 인 / 트

- **〜くなる** 〜아[어]지다 〈변화〉 ＊〜になる
- **〜の** 〜것 〈명사어구〉
- **〜んです** 〜인 것입니다, 〜거든요 〈강조, 설명, 납득〉
- **〜ため(に)** 〜위해(서) 〈목적〉

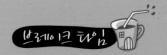

일본에서 말 잘하는 사람은?

일본에는 「話上手は聞き上手」(말 잘하는 사람은 다른 사람의 말을 잘 듣는 사람)란 말이 있는데요, 말주변만 좋아 자기 말만 하는 사람보다는 상대방의 이야기를 경청하고 그에 적절한 말을 해 주는 사람이 진정한 '달변가'라는 뜻입니다. 즉, 일본에서는 상대의 마음을 읽어 상대방을 기분 좋게 하면서 대화를 원활하게 이끌어 나가는 사람을 진짜 '말 잘하는 사람'이라고 여기는 것이지요. 그리고 일본 사람과 대화를 할 때 가장 중요한 것은 '맞장구(相づち)'로, '잘 듣고 있어요', '그래서 어떻게 됐어요?'와 같은 의미로 「ええ/はい」(네, 예), 「そうですか」(그래요?), 「そうですね」(그렇군요)와 같이 표현하는데, 적절한 타이밍에 사용한다면 대화가 한결 부드러워질 것입니다.

Q & A
- 松本さんはなぜ春が嫌いだと言っていますか。
- 花粉症はどんな症状が出ますか。

Dialogue

`01. MP3`

李　松本さん、ずいぶん暖かくなりましたね。

松本　そうですね。暖かいのはいいんですが、私は春が嫌いなんです。

李　どうしてですか。

松本　花粉症で目がかゆくなったり鼻水が出たりするからです。

李　それは大変ですね。
　　最近、韓国でも花粉症で苦しんでいる人が増えています。

松本　韓国もそうですか。
　　日本では花粉症を予防するために抗菌マスクをする人が多いですよ。

李　じゃ、松本さんも抗菌マスクを持っていますか。

松本　ええ、出かける時は必ずします。

어휘

なぜ 왜　〜が嫌(きら)いだ 〜을 싫어하다　花粉症(かふんしょう) 꽃가루 알레르기　症状(しょうじょう) 증상　出(で)る 나타나다
ずいぶん 꽤, 상당히　暖(あたた)かい (날씨가) 따뜻하다　かゆい 가렵다　鼻水(はなみず)が出(で)る 콧물이 나오다
大変(たいへん)だ 힘들다, 고생스럽다　苦(くる)しむ 고생하다, 괴로워하다　増(ふ)える (수・양 등이) 늘다, 증가하다　予防(よぼう) 예방
抗菌(こうきん) 항균　マスク 마스크　持(も)つ 소유하다, 가지다　出(で)かける (밖에) 나가다　必(かなら)ず 반드시, 꼭

1 ～くなる ～아[어]지다 〈변화〉 ＊～になる

- お酒を飲んで顔が赤くなった。
- 最近、物価が高くなりました。
- 会社生活がとても楽しくなった。

※ 日本語が本当に上手になりましたね。

※ 寒い冬が終わって、暖かい春になった。

2 ～の ～것 〈명사어구〉

- 私がきのう買ったのは、このかばんだ。
- 毎朝お弁当を作るのは大変です。
- あの、もっと小さいのはありませんか。
- お金より大事なのは健康です。

어휘

酒(さけ)を飲(の)む 술을 마시다　赤(あか)い 빨갛다　物価(ぶっか) 물가　高(たか)い 비싸다　終(お)わる 끝나다　買(か)う 사다
毎朝(まいあさ) 매일 아침　弁当(べんとう)を作(つく)る 도시락을 싸다　あの 저, 저어 ＊말을 걸 때나 말이 막혔을 때 내는 소리
もっと 좀 더　～より ～보다　大事(だいじ)だ 중요하다, 소중하다　健康(けんこう) 건강

3 ～んです ～인 것입니다, ～거든요 〈강조, 설명, 납득〉

- あした、テストがあるんです。
- そんなに寒いんですか。
- 実はにんじんは嫌いなんです。
- A: 王さんは中国人ですよね。

  B: いいえ、韓国人なんです。
- なるほど、そうなんですね。

4 ～ため(に) ～위해(서) 〈목적〉

- 朴さんに会うためにきのうソウルへ来ました。
- 一流大学に入るために勉強しています。
- 老後のためにお金をためなければならない。
- 父は家族のために一生懸命働いています。

※ 彼は英語が上手なため、海外支社で働いている。

※ 大雪のため、交通がまひしてしまった。

어휘

テスト 테스트, 시험 そんなに 그렇게 実(じつ)は 실은 にんじん 당근 なるほど 과연 ～に会(あ)う ～을 만나다 一流(いちりゅう) 일류
入(はい)る 들어가다 老後(ろうご) 노후 ためる (돈을) 모으다 ～なければならない ～하지 않으면 안 된다, ～해야 한다
一生懸命(いっしょうけんめい) 열심히 働(はたら)く 일하다 海外(かいがい) 해외 支社(ししゃ) 지사 大雪(おおゆき) 대설, 큰눈
交通(こうつう) 교통 まひ(麻痺) 마비

1 보기와 같이 문장을 바꿔 보세요.

> 보기
> 部屋が明るいです → 部屋が明るくなりました。

① 風が強いです → _____

② だんだん寒いです → _____

③ 日本語がおもしろいです → _____

④ 成績がいいです → _____

2 보기와 같이 문장을 완성해 보세요.

> 보기
> カタカナを覚えます / 大変です → カタカナを覚えるのは大変です。

① 大学に入ります / 難しいです → _____

② 物価が上がります / 問題です → _____

③ 子供の世話をします / 苦手です → _____

④ 母が作りました / おいしいです → _____

어휘

部屋(へや) 방　明(あか)るい 밝다, 환하다　風(かぜ) 바람　強(つよ)い 강하다, 세다　だんだん 점점, 점차　成績(せいせき) 성적
覚(おぼ)える 암기하다, 외우다　上(あ)がる (값이) 오르다　世話(せわ)をする 돌보다, 보살피다　苦手(にがて)だ 서투르다, 잘 못하다
作(つく)る 만들다, 요리하다

3 보기와 같이 문장을 바꿔 보세요.

> 보기
> アメリカに留学します ➜ アメリカに留学するんです。

① 風邪を引いて咳が出ます ➜ _____

② 最近、とても忙しいです ➜ _____

③ 今日は暇です ➜ _____

④ これはブランド品です ➜ _____

4 보기와 같이 문장을 완성해 보세요.

> 보기
> 両親に会います / ふるさとに帰ります
> ➜ 両親に会うためにふるさとに帰ります。

① 海外旅行をします / コンビニで働いています

➜ _____

② 彼女を守ります / テコンドーを習っています

➜ _____

③ 友だち / ケーキを作りました

➜ _____

④ 就職 / 英語の勉強をしています

➜ _____

어휘

風邪(かぜ)を引(ひ)く 감기에 걸리다 咳(せき)が出(で)る 기침이 나오다 暇(ひま)だ 한가하다 ブランド品(ひん) 명품 ふるさと(故郷) 고향
コンビニ 편의점 彼女(かのじょ) 여자 친구 守(まも)る 지키다 テコンドー 태권도 習(なら)う 배우다 ケーキ 케이크
就職(しゅうしょく) 취직

1 ～くなる ～아[어]지다 〈변화〉 ＊～になる

A: ①桜の木が②大きくなりましたね。

B: ええ、そうですね。

1 ① 川の水　　② きたない

2 ① 町　　② にぎやかだ

2 ～の ～것 〈명사어구〉

A: ①料理は得意ですか。

B: いいえ、でも、②食べるのは好きです。

1 ① 歌　　② 聞く

2 ① スポーツ　　② 見る

3 ～んです ～인 것입니다, ～거든요 〈강조, 설명, 납득〉

A: どうしたんですか。

B: ①歯が②痛いんです。

1 ① 熱　　② ある

2 ① コンピューター　　② おかしい

4 ～ため(に) ～위해(서) 〈목적〉

A: 何のために①勉強しているんですか。

B: ②日本留学のためです。

1 ① 運動する　　② 健康

2 ① 貯金する　　② ヨーロッパ旅行をする

（①　　　）、アレルギー性の病気の人が増えています。最近の（②　　　）で、アレルギー性の病気の人が15年間で3倍になっていることがわかりました。朝、鼻水や咳が出ても、自分がアレルギー性の病気だと（③　　　）していない人もいます。しかし、実際には日本の人口の約3分の1がアレルギー性の病気になっています。（④　　　）でアレルギー反応を起こすものをアレルゲンといいますが、このアレルゲンも現在、数百種類あるそうです。

1 内容をよく聞いて（　　　　）に入る言葉を書きましょう。

① 　　　　　　　② 　　　　　　　③ 　　　　　　　④

2 アレルギー症にあたるものはどれですか。

① 食欲がない　　② 頭が痛い　　③ 鼻水が出る　　④ 下痢をする

3 内容に合っているものはどれですか。

① アレルギー性の病気の人は減っている。

② 自分がアレルギー性の病気であることを知らない人もいる。

③ アレルギー反応を起こすものは数十種類ある。

어휘

川（かわ）강, 내　きたな（汚）い 더럽다　町（まち）동네　にぎ（賑）やかだ 번화하다　得意（とくい）だ 잘하다, 자신 있다　歯（は）이
熱（ねつ）열　貯金（ちょきん）저금　ヨーロッパ 유럽　アレルギー（독일어 Allergie）알레르기　病気（びょうき）병, 질환　反応（はんのう）반응
起（お）こす（생리 현상을）일으키다　アレルゲン（독일어 Allergen）알레르겐 ＊알레르기 반응을 일으키게 하는 물질　～そうだ ～라고 한다
言葉（ことば）말　あ（当）たる 해당하다　食欲（しょくよく）식욕　下痢（げり）설사　合（あ）う 맞다

02 大型連休

일본은 매년 4월말에서 5월초에 국경일이 잇달아 있어서 약 일주일 정도 연휴가 됩니다. 이 기간을 「大型連休(おおがたれんきゅう)」 또는 「ゴールデン・ウィーク」(골든위크, 황금연휴)라고 하는데요, 일본 사람들은 이때를 이용해 고향을 찾거나 국내외로 여행을 많이 하죠. 또한 국경일이 일요일과 겹친다 해도 일본 사람들은 실망하지 않는다고 합니다. 왜냐하면 국경일이 일요일과 겹치면 그 다음 날을 휴일로 하는 대체휴일(振替休日(ふりかえきゅうじつ))이라는 제도가 있기 때문이죠.

학 / 습 / 포 / 인 / 트

- ~ば ~(하)면 〈조건〉
- ~も ~(이)나 〈강조〉
- ~に行(い)く ~(하)러 가다 〈동작의 목적〉
- ~予定(よてい)だ ~(할) 예정이다 〈구체적인 예정이나 계획〉

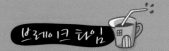
브레이크 타임

B급 구르메 대회란?

일본에는 B급 구르메(グルメ: 미식가, 맛있는 음식) 대회라는 것이 있습니다. 2005년부터 시작된 이 대회는 A급이 아닌 B급, 즉 서민적인 음식을 말하는 것으로, 가격으로 치자면 500엔 전후의 노점상에 어울릴 만한 먹거리를 말합니다. 그 지역의 독특한 맛을 내는 B급 음식들이 한자리에 모여 맛을 겨루는 것이 바로 B급 구르메 대회입니다. 이 대회를 통해 유명세를 탄 음식으로는 기후현(岐阜県(ぎふけん)) 가가미가하라시(各務原市(かがみがはらし))의 김치나베(キムチ鍋(なべ))가 있습니다. 기후현이 일본 음식이 아닌 '김치나베'로 대회에 참가한 이유는 춘천시와 자매도시를 맺고 있었기 때문으로 그 인연 덕에 오리지널 김치나베가 탄생하게 된 것이라고 하네요.

Q&A
- 祝日が多いのはいつですか。
- 日本人は大型連休の時、何をしますか。

Dialogue

04. MP3

金　日本は毎年4月末から長期の連休があると聞いたんですが。

松本　ええ、4月29日から5月5日まで祝日が多くて、

日曜日と重なれば、月曜日が振替休日になりますからね。

金　ああ、そうですか。

松本　それに連休の前後に休暇を取れば、10日以上も休めるんですよ。

金　それはうらやましいですね。

松本　日本はこの時期が大型連休で、

いなかへ帰る人や海外旅行に行く人が多いんです。

金　松本さんは連休に何か予定がありますか。

松本　ええ、実は、北海道へ

遊びに行く予定なんですよ。

어휘

祝日(しゅくじつ) 국경일　大型連休(おおがたれんきゅう) 황금연휴　毎年(まいとし) 매년　〜から 〜부터　長期(ちょうき) 장기, 장기간
〜まで 〜까지　重(かさ)なる 겹치다　振替休日(ふりかえきゅうじつ) 대체휴일　＊국경일이 일요일과 겹쳤을 때 월요일을 휴일로 함. 또는 그
휴일　前後(ぜんご) (시간적인) 전후, 앞뒤　休暇(きゅうか)を取(と)る 휴가를 받다　休(やす)む 쉬다　うらやましい 부럽다　時期(じき) 시기
〜で 〜(으)로　いなか(田舎) 시골, 고향　帰(かえ)る 돌아가[오]다　何(なに)か 무엇인가, 뭔가　予定(よてい) 예정　実(じつ)は 실은

17

1 〜ば 〜(하)면 〈조건〉

- 金さんが行けば私も行きます。

- ちりも積もれば山となる。

- 冷蔵庫に入れれば、長く保存できます。

- 安ければ買いますが、安くなければ買いません。

※ ピアノは練習すればするほど上手になります。

2 〜も 〜(이)나 〈강조〉

- 雪が2メートルも積もった。

- 友だちを2時間も待たせた。

- この財布は3万円もするそうです。

- 子供に外国語を3つも勉強させています。

어휘

ちりも積(つ)もれば山(やま)となる 티끌 모아 태산 ＊아무리 작은 것이라도 모이고 모이면 나중에 큰 덩어리가 됨을 비유적으로 이르는 말
入(い)れる 넣다   長(なが)い (시간적으로) 오래다, 길다   保存(ほぞん) 보존   できる 할 수 있다, 가능하다   安(やす)い 싸다
練習(れんしゅう) 연습   〜ば〜ほど 〜(하)면 〜(할)수록   メートル 미터, m   積(つ)もる 쌓이다   財布(さいふ) 지갑   〜そうだ 〜라고 한다

3　～に行{い}く　～(하)러 가다 〈동작의 목적〉

- 空港{くうこう}まで友{とも}だちを迎{むか}えに行{い}きます。

- 図書館{としょかん}へ勉強{べんきょう}しに行{い}きます。

- これからバイトに行{い}きます。

- 大学{だいがく}を卒業{そつぎょう}してからアメリカへ留学{りゅうがく}に行{い}きます。

- 食事{しょくじ}してからドライブに行{い}きませんか。

4　～予定{よてい}だ　～(할) 예정이다 〈구체적인 예정이나 계획〉

- 飛行機{ひこうき}は午後{ごご}6時{じ}に着{つ}く予定{よてい}です。

- 来年{らいねん}の秋{あき}、結婚{けっこん}する予定{よてい}です。

- 来月{らいげつ}、日本{にほん}に行{い}く予定{よてい}です。

- ※ 来年{らいねん}、日本{にほん}に行{い}くつもりです。

어휘

空港(くうこう) 공항　迎(むか)える (사람을) 맞다, 맞이하다　図書館(としょかん) 도서관　これから 이제부터
バイト 아르바이트　＊「アルバイト」의 준말　卒業(そつぎょう) 졸업　～てから ～(하)고 나서, ～(한) 후　アメリカ 미국　留学(りゅうがく) 유학
食事(しょくじ) 식사　ドライブ 드라이브　飛行機(ひこうき) 비행기　午後(ごご) 오후　着(つ)く 도착하다　来年(らいねん) 내년
秋(あき) 가을　結婚(けっこん) 결혼　～つもりだ ～(할) 생각이다, ～(할) 작정이다

Challenge

1 보기와 같이 문장을 완성해 보세요.

> **보기**
>
> ゆっくり話す / わかる → ゆっくり話せばわかります。

① この薬を飲む / 風邪が治る → _____

② 冷蔵庫に入れる / 腐らない → _____

③ 辞書を使う / 意味がわかる → _____

④ 勉強しない / 合格できない → _____

2 보기와 같이 문장을 완성해 보세요.

> **보기**
>
> 先月はお金を使う / 10万円 → 先月はお金を10万円も使いました。

① りんごを食べる / 5つ → _____

② 新しいノートを買う / 6冊 → _____

③ きのうは寝る / 12時間 → _____

④ 今日はコーヒーを飲む / 4杯 → _____

어휘

ゆっくり 천천히 話(はな)す 말하다, 이야기하다 わかる 알다, 이해하다 薬(くすり) 약 飲(の)む (약을) 먹다, 복용하다 風邪(かぜ) 감기
治(なお)る (병이) 낫다, 치료되다 腐(くさ)る 썩다, 상하다 辞書(じしょ) 사전 使(つか)う (물건을) 쓰다, 사용하다 意味(いみ) 의미
勉強(べんきょう) 공부 合格(ごうかく) 합격 ~冊(さつ) ~권 買(か)う 사다 寝(ね)る 자다 コーヒー 커피 ~杯(はい) ~잔

3 보기와 같이 문장을 바꿔 보세요.

> 보기
> 今から昼ご飯を食べる ➡ 今から昼ご飯を食べに行きます。

① あした、友だちと映画を見る　➡ _____

② あさって、金さんとゴルフをする ➡ _____

③ 来週、木村さんに会う　➡ _____

④ 毎週月曜日、日本語を教える　➡ _____

4 보기와 같이 문장을 바꿔 보세요.

> 보기
> 午後4時半に出発します ➡ 午後4時半に出発する予定です。

① 新宿のビジネスホテルに泊まります

➡ _____

② 卒業式は金曜日に行われます

➡ _____

③ あした、会社の面接を受けます

➡ _____

④ 週末ディズニーランドへ遊びに行きます

➡ _____

어휘

今(いま)から 지금부터　あさって(明後日) 모레　ゴルフをする 골프를 치다　~に会(あ)う ~을 만나다　教(おし)える 가르치다
出発(しゅっぱつ) 출발　ビジネスホテル 비즈니스 호텔　泊(と)まる 묵다, 숙박하다　卒業式(そつぎょうしき) 졸업식
行(おこな)う 하다, 거행하다　面接(めんせつ)を受(う)ける 면접을 보다　ディズニーランド 디즈니랜드

Talk & Talk

1　～ば　～(하)면 〈조건〉

A: ① 週末はどうしますか。

B: ② 晴れれば ③ テニスをします。

1 ① あしたの会議　② 時間がある　③ 出席する

2 ① 借金　② お金がある　③ 返す

2　～も　～(이)나 〈강조〉

A: どうして ① 怒っているんですか。

B: ② 彼を3時間も ③ 待ったんです。

1 ① 眠い　② 2日間　③ 徹夜をする

2 ① 食べない　② 寿司を2人前　③ 食べる

3　～に行く　～(하)러 가다 〈동작의 목적〉

A: ① ご飯を食べてから、② ドライブに行きませんか。

B: はい、いいですよ。

1 ① 授業が終わる　② カラオケ

2 ① 映画を見る　② 買い物

4　～予定だ　～(할) 예정이다 〈구체적인 예정이나 계획〉

A: 朴さん、① 日本に留学するそうですね。

B: ええ、② デザインの勉強をする予定です。

1 ① 大阪に出張する　② 来週の月曜日に帰る

2 ① 海外旅行に行く　② あした出発する

「2008年度(① 　　　　)職場調査」が(② 　　　　)され、その中で日本人の61%が「職場でストレスを感じたことがある」と答えた。ストレスの(③ 　　　　)原因では「責任の増加」、「長時間労働」などがあった。さらに「年度中に有給休暇を完全に消化できていない」と答えた人が、平均55%だったが、日本は85%で、調査した国の中で最も高かった。その理由として、(④ 　　　　)の47%が「仕事の量が多い」のを1位に挙げた。

1 内容をよく聞いて(　　　　)に入る言葉を書きましょう。

① 　　　　　　　② 　　　　　　　③ 　　　　　　　④

2 「年度内に有給休暇を全部使えない」と答えた人は平均何%ですか。

① 85%　　　　　② 61%　　　　　③ 55%　　　　　④ 47%

3 内容に合っているものはどれですか。

① 日本人の半数以上が「職場でストレスを感じたことがある」と答えた。

② ストレスの原因は「責任の増加」と「人材不足」である。

③ 日本人は「仕事の量が少ない」と思っている。

어휘

晴(は)れる (하늘이) 개다　借金(しゃっきん) 빚　返(かえ)す (빚 등을) 갚다　怒(おこ)る 화내다　眠(ねむ)い 졸리다　徹夜(てつや) 철야, 밤새움
寿司(すし) 초밥　2人前(ににんまえ) 2인분　終(お)わる 끝나다　カラオケ 노래방　買(か)い物(もの) 물건을 삼, 쇼핑　デザイン 디자인
帰(かえ)る 돌아가[오]다　職場(しょくば) 직장　ストレス 스트레스　感(かん)じる 느끼다　〜たことがある 〜한 적이 있다　増加(ぞうか) 증가
労働(ろうどう) 노동　さらに 더욱　有給休暇(ゆうきゅうきゅうか) 유급휴가　消化(しょうか) 소화, 남김없이 처리함
最(もっと)も 가장, 제일　〜として 〜로서　挙(あ)げる 들다　半数(はんすう) 반수　人材不足(じんざいぶそく) 인재 부족

23

03 誕生日

여러분은 생일(誕生日)이 언제예요? 요즘은 너무 바빠서 자기 생일조차 잊고 사는 사람이 많은 것 같아요. 그런데 이럴 때 친구나 동료가 내 생일을 기억해 주고 축하 메시지라도 보내 준다면 너무 기쁘겠지요. 일본어로 '생일선물'은 「誕生日のプレゼント」라고 하고, '생일 축하해(요)'라는 말은 「お誕生日おめでとう(ございます)」라고 합니다. 친구나 동료 생일 때 일본어로 축하 인사를 해 보는 건 어떨까요?

학 / 습 / 포 / 인 / 트

- **〜をほしがる** 〜을 갖고 싶어 하다 〈제삼자의 희망〉
- **〜といい** 〜(하)면 좋겠다 〈희망 · 바람〉
- **〜かどうか** 〜(일)지 어떨지, 〜(인)지 어떤지
- **〜うちに** 〜동안에

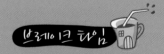

선물을 받았을 때는 답례를!

일본 사람은 선물을 주고받는 것을 좋아하지만, 이유 없는 선물은 꺼리는 편입니다. 오추겐(お中元: 신세를 지고 있는 분들께 여름 인사로 하는 선물)이나 오세이보(お歳暮: 신세를 지고 있는 분들께 연말 인사로 하는 선물) 또는 생일도 아닌데 갑자기 선물을 주면 당황합니다. '과연 이 선물이 무슨 의미일까?' 하고 고민에 빠지는 것이지요. 일본 사람에게 있어 선물을 받는다는 것은 일종의 '빚'이 생기는 일인 것입니다. '빚'이 생기면 인간 관계가 껄끄러워지지요. 그래서 일본 사람은 보다 오래 마음 편히 상대와 친분을 유지하기 위해서 반드시 받은 것에 상응하는 가격의 물건으로 답례(お返し)를 하는 습관이 있습니다.

Q & A
- 今日は誰の誕生日ですか。
- プレゼントは何でしたか。

Dialogue

07. MP3

（デパートで）

松本　伊東さんのプレゼント、何がいいかな。

李　　あ、伊東さん、この前、スカーフをほしがっていましたよ。

松本　そうですか。じゃ、スカーフにしましょう。

李　　気に入ってくれるといいんですが。

松本　お誕生日おめでとう！

李　　気に入るかどうかわかりませんが、これ、私たちからのプレゼントです。

（プレゼントの箱を開ける）

伊東　わあ、すてきなスカーフ。私の好きな色です。本当にありがとう。

李　　気に入ってくれて、よかった。

　　　さあ、料理が温かいうちに

　　　食べましょう。

어휘

誕生日(たんじょうび) 생일　プレゼント 선물　デパート 백화점　この前(まえ) 전번, 일전　スカーフ 스카프　～ましょう ～(합)시다
気(き)に入(い)る 마음에 들다　～てくれる (남이 나에게) ～해 주다　おめでとう 축하합니다　わかる 알다　箱(はこ) 상자　開(あ)ける 열다
すてき(素敵)だ 멋지다　本当(ほんとう)に 정말로　よかった 다행이다　さあ 자아　＊남에게 권유하거나 재촉할 때의 말
温(あたた)かい (사물의 온도가) 따뜻하다

25

1 ～をほしがる ～을 갖고 싶어 하다 〈제삼자의 희망〉

- 娘は新しいケータイをほしがっている。
- 山田さんは車をほしがっています。
- 父は庭のある家をほしがっていました。
- 息子は犬をほしがっています。

2 ～といい ～(하)면 좋겠다 〈희망·바람〉

- あした、晴れるといいですね。
- あの店、おいしいといいんですけど。
- みんな無事だといいんだが。
- 結婚相手はやさしい人だといいな。
- 雰囲気のいい会社だといいな。

3　〜かどうか　〜(일)지 어떨지, 〜(인)지 어떤지

- 佐藤さんが来るかどうか知っていますか。
- おいしいかどうか味見をしてください。
- こんなアドバイスが適切かどうかわかりませんが。
- あのかばんは本物のブランド品かどうか怪しい。

4　〜うちに　〜동안에

- 赤ちゃんが寝ているうちに洗濯をします。
- 朝の涼しいうちにジョギングに行った。
- 両親が元気なうちに一緒に海外旅行をしようと思っている。
- 朝のうちに掃除を済ませよう。

※暗くならないうちに買い物に行って来よう。

= 暗くなる前に買い物に行って来よう。

어휘

知(し)る 알다, 인식하다　味見(あじみ)をする 맛[간]을 보다　こんな 이런　アドバイス 어드바이스, 조언　適切(てきせつ)だ 적절하다
本物(ほんもの) 진짜　ブランド品(ひん) 명품　怪(あや)しい 미심쩍다, 의심스럽다　赤(あか)ちゃん 아기
洗濯(せんたく)をする 세탁을[빨래를] 하다　ジョギング 조깅　両親(りょうしん) 양친, 부모　海外(かいがい) 해외
済(す)ませる 끝내다, 해결하다　〜前(まえ)に 〜(하)기 전에

27

Challenge

1 보기와 같이 문장을 바꿔 보세요.

> **보기**
> 私はデジカメがほしいです(田中さん)
>
> → 田中さんはデジカメをほしがっています。

① 私はブランド品のバッグがほしいです(姉)

→ _____

② 私はワイングラスのセットがほしいです(妹)

→ _____

③ 私は自転車がほしかったです(弟)

→ _____

④ あなたは何がほしいですか(金さん)

→ _____

2 보기와 같이 문장을 바꿔 보세요.

> **보기**
> あしたいい天気です → あしたいい天気だといいですね。

① クリスマスに雪が降ります → _____

② ここに本棚があります → _____

③ 会社が家から近いです → _____

④ 日本語が早く上手になります → _____

어휘

デジカメ 디카 *「デジタルカメラ」(디지털카메라)의 준말 ほしい 갖고 싶다 バッグ 백, 가방 姉(あね) (자신의) 누나, 언니
ワイングラス 와인 글라스, 와인 잔 セット 세트 妹(いもうと) (자신의) 여동생 自転車(じてんしゃ) 자전거 弟(おとうと) (자신의) 남동생
クリスマス 크리스마스 雪(ゆき)が降(ふ)る 눈이 내리다[오다] 本棚(ほんだな) 책장 上手(じょうず)だ 잘하다, 능숙하다

正確

3 보기와 같이 문장을 완성해 보세요.

> 보기
> おいしいです / 食^たべてみてください → おいしいかどうか食^たべてみてください。

① 先約^{せんやく}があります / 確^{たし}かめてみてください → _____

② 覚^{おぼ}えています / テストしてみてください → _____

③ おもしろいです / 読^よんでみてください → _____

④ 便利^{べんり}です / 使^{つか}ってみてください → _____

4 보기와 같이 문장을 완성해 보세요.

> 보기
> 明^{あか}るいです / 帰^{かえ}りましょう → 明^{あか}るいうちに帰^{かえ}りましょう。

① グラスにビールが残^{のこ}っています / 注^つぎましょう

→ _____

② 若^{わか}いです / いろいろな経験^{けいけん}をしましょう

→ _____

③ 食^たべ物^{もの}は新鮮^{しんせん}です / 食^たべましょう

→ _____

④ 暇^{ひま}です / 部屋^{へや}の掃除^{そうじ}をしておきましょう

→ _____

어휘

先約(せんやく) 선약 確(たし)かめる 확인하다 覚(おぼ)える 암기하다, 외우다 テスト 테스트, 시험 便利(べんり)だ 편리하다
使(つか)う (물건을) 쓰다, 사용하다 明(あか)るい 밝다, 환하다 グラス 글라스, 잔 ビール 맥주 残(のこ)る 남다 注(つ)ぐ 붓다, 따르다
若(わか)い 젊다 経験(けいけん) 경험 食(た)べ物(もの) 음식, 먹을 것 新鮮(しんせん)だ 신선하다, 싱싱하다 暇(ひま)だ 한가하다
～ておく ～해 두다[놓다]

Talk & Talk

1 ～をほしがる ～을 갖고 싶어 하다 〈제삼자의 희망〉

A: 田中さんの①卒業祝い、何がいいかな。

B: 田中さん、②MP３プレーヤーをほしがっていたよ。

1 ① 入学祝い   ② 電子辞書

2 ① 引っ越し祝い   ② 掛け時計

2 ～といい ～(하)면 좋겠다 〈희망 · 바람〉

A: 今度の①予選に②勝てるといいですね。

B: ええ、そうですね。

1 ① 就職試験   ② 合格する

2 ① 大会   ② 出場できる

3 ～かどうか ～(일)지 어떨지, ～(인)지 어떤지

A: ①今度、鈴木さんは韓国に来るでしょうか。

B: さあ、②来るかどうかまだわかりません。

1 ① 今月、人事異動がある   ② ある

2 ① あさって、朴選手が試合に出る   ② 出る

4 ～うちに ～동안에

A: ①元気なうちに②世界旅行をするつもりです。

B: 私は③楽器を習いたいです。

1 ① 学生   ② 資格を取る   ③ 遊ぶ

2 ① 日本にいる   ② あちこち旅行する   ③ 友だちを作る

（①　　　）恋人からもらったうれしくないプレゼントランキングというものがあります。男性の1位は「手編みのセーター・手袋・マフラー・帽子など」、2位は「歌・詩」、そして3位は「恋人とおそろいのグッズ」でした。女性の1位は「歌・詩」、2位は「手編みのセーター・手袋・マフラー・帽子など」、そして3位は「（②　　）」という（③　　）でした。皆さんもプレゼントをする時、（④　　）にしてみてはいかがでしょうか。

1 内容をよく聞いて（　　　　　）に入る言葉を書きましょう。

①　　　　　　　　②　　　　　　　　③　　　　　　　　④

2 「男性がもらいたくないプレゼントの1位」は何ですか。

① 万年筆　　　　　　　　　② 手編みのマフラー

③ 恋人とおそろいのグッズ　　④ 歌・詩

3 「女性がもらいたくないプレゼントの1位」は何ですか。

① 恋人とおそろいのグッズ　　② 香水

③ 歌・詩　　　　　　　　　④ 手編みのマフラー

어휘

명사+祝(いわ)い ~축하 선물　電子辞書(でんしじしょ) 전자사전　引(ひ)っ越(こ)し 이사　掛(か)け時計(どけい) 괘종시계, 벽시계
今度(こんど) 이번　予選(よせん) 예선　勝(か)つ 이기다　出場(しゅつじょう) (경기 등에) 출전함, 참가함　人事異動(じんじいどう) 인사이동
試合(しあい) 시합　出(で)る 출전하다　つもり 생각, 작정　楽器(がっき) 악기　資格(しかく)を取(と)る 자격증을 따다　遊(あそ)ぶ 놀다
もらう 받다　ランキング 랭킹, 순위　手編(てあ)み 손으로 뜸, 또는 그런 것　手袋(てぶくろ) 장갑　マフラー 머플러
そろ(揃)い (빛깔・무늬 등이) 같음　グッズ 상품, 물품　香水(こうすい) 향수

O4 文化の違い

우리와 일본은 거리상으로는 가깝지만, 나름대로 독특한 문화를 가지고 있죠. 일례로 우리는 친구나 동료에게 좋은 일이 있으면 당사자에게 '한 턱내'라고 하는데 일본에서는 그 반대랍니다. 오히려 그 사람을 위해 주위 사람들이 돈을 모아서 파티를 열어 주죠. 축하를 해 준다는 의미는 같지만, 방식에 차이가 있는 거죠.

학 / 습 / 포 / 인 / 트

- **～たそうですね** ～했[였]다면서요
- **～じゃないですか** ～잖아요, ～아닌가요 〈확인〉
- **～される[せられる]・～させられる** (마지못해) ～하다 〈사역수동〉
- **～ようで** ～같으면서, ～같은데

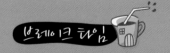

일본의 식사예절은?

일본의 식사예절은 우리와 다른 것이 꽤 있는데요, 가장 큰 차이는 국물이 있는 면류를 먹을 때를 제외하고는 기본적으로 젓가락만 사용한다는 점입니다. 이외에 상식적으로 알아 두면 좋은 식사예절로는 ①밥공기는 왼손에 들고 먹는다, ②국그릇도 왼손에 들고 먹으며, 국물을 마실 때는 국그릇을 입에 대고 마신다, ③밥을 국이나 물에 말아 먹거나 비벼 먹지 않는다, ④젓가락으로 음식을 주고받지 않는다, ⑤젓가락을 밥상에 놓을 때는 반드시 젓가락 받침대에 가로로 놓는다, ⑥큰 그릇에 담긴 음식을 덜 때는 개인 젓가락이 아닌 전용 젓가락을 사용한다 등이 있습니다.

- 韓国は誕生日にどのようにお祝いをしますか。
- 日本は誕生日にどのようにお祝いをしますか。

Dialogue

10. MP3

李　先週の金曜日、誕生日だったそうですね。パーティーはしましたか。

松本　ええ、この間、一緒に行った、レストランがあるじゃないですか。

　　　そこで友だちとみんなで食事をしたんです。

　　　それからカラオケに行ったんですが、5曲も歌わされました。

李　それは大変でしたね。

　　　ところで、韓国では誕生日に本人がごちそうしますが、

　　　日本も同じですか。

松本　いや、日本では誕生日の人はみんなからごちそうになるんです。

李　えっ、そうなんですか。韓国と違いますね。

松本　韓国と日本、似ているようで

　　　違うところもけっこうありますね。

어휘

祝(いわ)い 축하　パーティー 파티　この間(あいだ) 요전, 지난번　一緒(いっしょ)に 같이, 함께　それから 그 다음에, 그리고　カラオケ 노래방
曲(きょく) 곡　〜も 〜(이)나 * 강조　歌(うた)う (노래를) 부르다　ところで 그것은 그렇고, 그런데　本人(ほんにん) 본인
ごちそうする 대접하다, 한턱내다　同(おな)じ 같음　いや 아뇨　ごちそうになる 대접받다　違(ちが)う 다르다　似(に)る 닮다, 비슷하다
ところ 부분, 점　けっこう(結構) 꽤

33

Sentence Pattern

1 ～たそうですね ～했[였]다면서요

- この間、結婚したそうですね。
- 土曜日のコンサート、本当によかったそうですね。
- 絵を描くのが好きだったそうですね。
- 昔、ここは川だったそうですね。

2 ～じゃないですか ～잖아요, ～아닌가요〈확인〉

- あそこにコンビニがあるじゃないですか。
- この問題はちょっと難しいんじゃないですか。
- 李さんは英語が上手じゃないですか。
- 金さんの彼女は日本人じゃないですか。

어휘

コンサート 콘서트　本当(ほんとう)に 정말로　絵(え)を描(か)く 그림을 그리다　～が好(す)きだ ～을 좋아하다　昔(むかし) 옛날, 예전
川(かわ) 강, 내　コンビニ 편의점　ちょっと 좀, 조금　上手(じょうず)だ 잘하다, 능숙하다　彼女(かのじょ) 여자 친구

3 　～される[せられる]・～させられる　(마지못해) ~하다 〈사역수동〉

- 子供の時、母にピアノを習わされた[習わせられた]。
- 彼に2時間も待たされた[待たせられた]。
- 先生に単語をたくさん覚えさせられました。
- 課長に毎日残業させられています。

4 　～ようで　~같으면서, ~같은데

- 知っているようで知らない国、日本。
- おとなしいようで案外、気が強い。
- 吉田さんはまじめなようでまじめじゃない。
- これとあれは同じことのようでちょっと違う。

어휘

ピアノ 피아노　習(なら)う 배우다　彼(かれ) 남자 친구　待(ま)つ 기다리다　単語(たんご) 단어　覚(おぼ)える 암기하다, 외우다
課長(かちょう) 과장　残業(ざんぎょう) 잔업　国(くに) 나라　おとなしい 얌전하다, 온순하다　案外(あんがい) 의외로, 뜻밖에
気(き)が強(つよ)い 기가 세다　まじめ(真面目)だ 성실하다, 착실하다

1 보기와 같이 문장을 바꿔 보세요.

> 보기
> 鈴木さんは病気だ ➡ 鈴木さんは病気だったそうですね。

① アメリカから彼女が来る　➡ _____

② あのレストランはおいしい ➡ _____

③ この辺は静かだ　　　　　 ➡ _____

④ 佐藤さんは記者だ　　　　 ➡ _____

2 보기와 같이 문장을 바꿔 보세요.

> 보기
> 猫が嫌いです ➡ 猫が嫌いじゃないですか。

① あそこに薬屋が見えます

➡ _____

② そのワンルームマンションは少し狭いです

➡ _____

③ 韓国はキムチが有名です

➡ _____

④ その日は日本の祝日です

➡ _____

어휘

病気(びょうき) 병, 몸이 아픔　この辺(へん) 이 근처, 이 근방　記者(きしゃ) 기자　～が嫌(きら)いだ ～을 싫어하다　薬屋(くすりや) 약국
見(み)える 보이다　ワンルームマンション 원룸 맨션　狭(せま)い 좁다　キムチ 김치　有名(ゆうめい)だ 유명하다　祝日(しゅくじつ) 국경일

3 보기와 같이 문장을 완성해 보세요.

> 보기
> 課長 / パーティーに行く
>
> → (私は)課長にパーティーに行かされました[行かせられました]。

① 先輩 / 歌を歌う → _____

② 彼女 / 荷物を持つ → _____

③ 子供の時、母 / 野菜をたくさん食べる → _____

④ 父 / 車の運転をする → _____

4 ( ) 안의 말을 「～ようで」 문형을 이용해 바꿔 보세요.

① 彼は人の話を(聞く) 聞いていません

→ _____

② 先生は(やさしい)案外、厳しいです

→ _____

③ 今週は(暇だ)暇じゃないです

→ _____

④ 彼女は一見(お金持ち)実際は貧乏です

→ _____

어휘

先輩(せんぱい) 선배 荷物(にもつ) 짐 持(も)つ (손에) 들다 野菜(やさい) 채소 運転(うんてん) 운전 人(ひと) 남, 타인
話(はなし) 이야기, 말 厳(きび)しい 엄하다, 엄격하다 暇(ひま)だ 한가하다 一見(いっけん) 언뜻 보기에 実際(じっさい) 실제
貧乏(びんぼう)だ 가난하다 金持(かねも)ち 부자

Talk & Talk

1　〜たそうですね 〜했[였]다면서요

A: 山田さん、①ハワイに行ってきたそうですね。

B: ええ、本当に②楽しかったです。

1 ① ヨーロッパを旅行する　　② いい

2 ① 朴さんとミュージカルを見る　　② おもしろい

2　〜じゃないですか 〜잖아요, 〜아닌가요 〈확인〉

A: ①今月の 14日、②朴さんの誕生日じゃないですか。

B: いいえ、③来月の 14日ですよ。

1 ① あした　② 会社の面接　③ あさって

2 ① 今晩　② 山田さんの送別会　③ あしたの夜

3　〜される[せられる]・〜させられる (마지못해) 〜하다 〈사역수동〉

A: ①一週間も②部長に③残業させられました。

B: そうですか。大変でしたね。

1 ① 飲み会で　② みんな　③ お酒をたくさん飲む

2 ① 駅前で　② 弟　③ 1時間も待つ

4　〜ようで 〜같으면서, 〜같은데

A: 佐藤さん、①病気で入院したそうですよ。

B: そうですか。②元気なようで、そうでもなかったんですね。

1 ① 試験に合格する　　② 遊んでばかりいる

2 ① 新車を買う　　② お金に困っている

日本では、子供のころから食事をするときに残してはいけないと（①　　　）されます。ですから普通、日本人は自分のために（②　　　）された料理は全部食べようとします。しかし、韓国ではお客さんに料理を出す時は、少し多いぐらいがいいと言われています。そのため、初めて韓国に来た日本人は料理が多いことにびっくりします。無理に全部食べようとして（③　　　　）人も少なくありません。このような文化の違いを（④　　　）することはとても大切です。

1 内容をよく聞いて（　　　）に入る言葉を書きましょう。

①　　　　　　②　　　　　　③　　　　　　④

2 日本の食事マナーに合わないものは何ですか。

① 食べ物を残すこと　　　　　② 料理を全部食べること

③ 相手と話をすること　　　　④ 水を飲むこと

3 内容に合っているものはどれですか。

① 韓国では、お客さんに料理を出すときはたくさん出す方がいいと言われている。

② 日本人は韓国の料理がおいしいことにびっくりする。

③ 食事をするとき、無理して全部食べようとする日本人はいない。

어휘

ハワイ 하와이　ヨーロッパ 유럽　ミュージカル 뮤지컬　面接(めんせつ) 면접　今晩(こんばん) 오늘 밤　大変(たいへん)だ 힘들다. 고생스럽다
飲(の)み会(かい) 소수의 몇몇이 술을 마시고 즐기는 모임　入院(にゅういん) 입원　元気(げんき)だ 건강하다　合格(ごうかく) 합격
～てばかりいる ～하고만 있다　新車(しんしゃ) 새 차　困(こま)る 궁하다　残(のこ)す 남기다　～てはいけない ～해서는 안 된다
出(だ)す 내다. 내놓다　マナー 매너. 예의범절　びっくりする 깜짝 놀라다

05 漢字

우리말과 일본어는 문장구조도 비슷하고 모두 한자를 쓴다는 점에서 공통점이 많은 언어죠. 그런데 한자를 읽는 법에는 차이점이 있어요. 우리나라 한자는 대부분 한 가지 음으로만 읽지만, 일본 한자는 음으로도 읽고 뜻으로도 읽고 경우에 따라서는 음과 뜻이 여러 가지가 있어 혼란스러운 면이 있죠. 그만큼 한자는 일본어를 공부하는 사람들에게 부담스러운 존재임에 틀림없지만, 우리나라 한자보다 모양이 간략하고 읽는 법도 어느 정도 규칙적이므로 열심히 하면 정복할 수 있답니다.

학 / 습 / 포 / 인 / 트

- **～なくて** ～(하)지 않아서 〈원인·이유〉
- **～し** ～(하)고, ～인 데다가, ～이고 하니까 〈나열, 원인·이유〉
- **～方** ～(하)는 방법
- **～ないで** ～(하)지 않고, ～(하)지 말고 〈열거〉

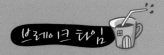

일본 사람이 좋아하는 숫자는 '8'!

각 나라마다 선호하는 숫자가 있죠. 우리는 행운을 상징하는 숫자 '7'을 좋아하는데, 일본에서는 어떨까요? 일본에서는 「八(8)를 행운의 숫자로 여긴다고 합니다. 그 이유는 「八」자가 아랫부분이 부채꼴로 퍼져 있어서 점점 번창해 나간다는 의미를 나타내기 때문입니다. 그래서 차량 번호나 전화 번호, 수험 번호 등에 행운의 상징인 「八」자가 많을수록 좋아한다고 하네요. 반면 꺼리는 숫자는 '4(し)'와 '9(く)'로, 「し」는 「死」(죽음)와 발음이 같아서, 「く」는 「苦」(고생)를 연상시키기 때문이라고 합니다.

Q&A

・ 金さんは日本語の何が難しいと感じていますか。

・ 伊東さんは韓国語の何が難しいと感じていますか。

Dialogue

`13. MP3`

伊東　どうしたんですか。元気がないですね。

金　実は、最近日本語の勉強がうまくいかなくて…。

　　日本語、思ったより難しいですね。

伊東　でも、文法が似ているし、漢字の発音も似ているし、

　　他の外国語よりは簡単でしょう。

金　文法は難しくありませんが、漢字の読み方がいっぱいありますからね。

　　辞書を引かないで本を読むのは、私にはまだ無理です。

伊東　私は韓国語の発音で苦労していますけど、金さんも大変ですね。

　　まあ、お互いあきらめないで

　　がんばりましょうよ。

어휘

元気(げんき) 기운　最近(さいきん) 최근, 요즘　うまくいく 잘 되다　~より ~보다　文法(ぶんぽう) 문법　似(に)る 닮다, 비슷하다
漢字(かんじ) 한자　発音(はつおん) 발음　他(ほか)の 다른, 딴　簡単(かんたん)だ 간단하다　いっぱい 많이　辞書(じしょ)を引(ひ)く 사전을 찾다
まだ 아직　無理(むり)だ 무리이다　苦労(くろう) 고생　まあ 자, 어쨌든　＊상대방에게 촉구하거나 권할 때 쓰는 말　互(たが)い 서로
あきらめる 단념하다　がんば(頑張)る 분발하다, 열심히 하다

41

1 ～なくて ～(하)지 않아서 〈원인·이유〉

- 子供が言うことを聞かなくて困っています。
- 最近、雨が降らなくて水が不足している。
- 時間がなくて朝ご飯が食べられなかった。
- 今朝、電車が来なくて遅刻してしまった。

2 ～し ～(하)고, ～인 데다가, ～이고 하니까 〈나열, 원인·이유〉

- この家は近くにコンビニもあるし、公園もある。
- もう遅いし、これで失礼します。
- あの店はおいしいし、安いし、量も多い。
- 彼はまじめだし、お金もあるけど、おもしろくありません。
- あしたは休みだし、どこかへ遊びにでも行こうか。

어휘

聞(き)く (충고 등을) 듣다　困(こま)る 곤란하다, 난처하다　不足(ふそく) 부족　朝(あさ)ご飯(はん) 아침밥　今朝(けさ) 오늘 아침
遅刻(ちこく) 지각　近(ちか)く 근처　もう 이미, 벌써　遅(おそ)い (시간적으로) 늦다　失礼(しつれい)します 가 보겠습니다, 실례하겠습니다
まじめ(真面目)だ 성실하다, 착실하다　休(やす)み 휴일　どこか 어딘가

3 ~方 ~(하)는 방법

• このデジカメの使い方を教えてください。

• 日本語の手紙の書き方がわからない。

• 日本と韓国はご飯の食べ方が違いますね。

• 銀行までの行き方を教えてください。

4 ~ないで ~(하)지 않고, ~(하)지 말고 〈열거〉

• きのうは外に出ないで、家にいました。

• 疲れていたので、お風呂に入らないで寝た。

• 授業に出席しないで、友だちとおしゃべりしていました。

• テキストを見ないで答えてください。

※朝寝坊してご飯も食べずに会社に行った。

※週末は何もせずに休みました。

어휘

使(つか)う (물건을) 쓰다, 사용하다　教(おし)える 일러 주다　出(で)る (밖으로) 나가다　疲(つか)れる 피로하다, 지치다
風呂(ふろ)に入(はい)る 목욕하다　寝(ね)る 자다　授業(じゅぎょう) 수업　出席(しゅっせき) 출석　おしゃべり 잡담
テキスト 텍스트, 교과서　答(こた)える 대답하다　朝寝坊(あさねぼう) 늦잠을 잠　休(やす)む 쉬다

1 보기와 같이 문장을 완성해 보세요.

> 보기
>
> 先生の声が聞こえる / 困る → 先生の声が聞こえなくて困りました。

① 英語ができる / 恥ずかしい　　　　→ _____

② 生活費が足りる / バイトを始める　→ _____

③ 漢字が読める / 友だちに教えてもらう → _____

④ バスが来る / 約束の時間に遅れてしまう → _____

2 보기와 같이 문장을 완성해 보세요.

> 보기
>
> ここは交通も便利です / 従業員も親切です / 雰囲気もいいです
>
> → ここは交通も便利だし、従業員も親切だし、雰囲気もいいです。

① ここは静かです / 空気もいいです / とてもいい町です

　→ _____

② 彼はハンサムです / マナーもいいです / 頭もいいです

　→ _____

③ あしたはテストです / 発表もあります / 一日中忙しいです

　→ _____

④ 買い物も行って来ました / 洗濯もしました / ちょっと休みましょう

　→ _____

어휘

聞(き)こえる 들리다　生活費(せいかつひ) 생활비　足(た)りる 족하다, 충분하다　始(はじ)める 시작하다　教(おし)える 가르치다
～てもらう (남에게) ～해 받다　約束(やくそく) 약속　遅(おく)れる 늦다, 지각하다　交通(こうつう) 교통　従業員(じゅうぎょういん) 종업원
親切(しんせつ)だ 친절하다　雰囲気(ふんいき) 분위기　空気(くうき) 공기　町(まち) 동네　ハンサムだ 핸섬하다　マナー 매너

44

3 보기와 같이 문장을 바꿔 보세요.

> 보기
> 薬を飲む → 薬の飲み方を教えてください。

① メールを送る → _____

② 漢字を読む → _____

③ お茶を入れる → _____

④ 敬語を使う → _____

4 ( ) 안의 말을 「〜ないで」 문형을 이용해 바꿔 보세요.

① きのうは疲れてシャワーも(浴びる)寝てしまった

→ _____

② 日本の小説を辞書も(引く)読みました

→ _____

③ 彼は「さよなら」の一言も(言う)帰ってしまいました

→ _____

④ 母は窓も(閉める)出かけました

→ _____

어휘

発表(はっぴょう) 발표 一日中(いちにちじゅう) 하루 종일 買(か)い物(もの) 물건을 삼, 쇼핑 薬(くすり) 약 飲(の)む (약을) 먹다, 복용하다
メール 메일 送(おく)る 보내다 お茶(ちゃ)を入(い)れる 차를 내다 敬語(けいご) 경어 シャワー 샤워
浴(あ)びる 더운물이나 찬물을 뒤집어쓰다 一言(ひとこと) 한마디 말 出(で)かける (밖에) 나가다 窓(まど) 창문 閉(し)める 닫다

1　～なくて ～(하)지 않아서 〈원인・이유〉

A: ①日本旅行はどうでしたか。
B: ②旅行会社のミスで③温泉に行けなくて残念でした。

1 ① コンサート　　② 席が後ろの方　　③ よく見える
2 ① 社員旅行　　② 雨　　③ 外で遊ぶ

2　～し ～(하)고, ～인 데다가, ～이고 하니까 〈나열, 원인・이유〉

A: 木村さんはどんな人ですか。
B: ①誠実だし、②やさしいし、とても人気がありますよ。

1 ① スタイルもいい　② スポーツも万能だ
2 ① 仕事もできる　② おもしろい

3　～方 ～(하)는 방법

A: この①機械の②使い方を教えてください。
B: ええ、いいですよ。

1 ① 料理　　② 作る
2 ① 植物　　② 育てる

4　～ないで ～(하)지 않고, ～(하)지 말고 〈열거〉

A: きのうは①ご飯も②食べないで③勉強しました。
B: えっ、だめですよ。

1 ① 歯　　② みがく　　③ 寝る
2 ① 宿題　　② する　　③ 友だちと遊ぶ

漢字は日本の他に(①　　　)や韓国でも使用しています。韓国語の単語の(②　　)以上が漢字の言葉ですが、韓国では最近、ほとんど(③　　　　)だけ使用します。そのため若い韓国人の多くは漢字を書いたり読んだりすることができません。大学生に、自分の名前や住所を漢字で書かせても書けなかったり、書けても間違っていることが多いというのは日本人にとっては(④　　)なことです。

1 内容をよく聞いて(　　　　)に入る言葉を書きましょう。

①　　　　　　　　②　　　　　　　　③　　　　　　　　④

2 漢字を使わない国はどこですか。

① 中国　　　　② 韓国　　　③ 日本　　　④ フィリピン

3 内容に合っているものはどれですか。

① 韓国では、漢字はまったく使われていない。

② 韓国語の単語の中で、漢字の言葉は30％ぐらいだ。

③ 韓国人は漢字が書けない人が多い。

어휘

旅行会社(りょこうがいしゃ) 여행사　ミス 미스, 실수　温泉(おんせん) 온천　残念(ざんねん)だ 유감스럽다　コンサート 콘서트
席(せき) 자리, 좌석　後(うし)ろ 뒤, 뒤쪽　見(み)える 보이다　誠実(せいじつ)だ 성실하다　やさしい 다정하다, 상냥하다　スタイル 스타일
万能(ばんのう)だ 만능이다　できる 잘하다　植物(しょくぶつ) 식물　育(そだ)てる 기르다　歯(は) 이　みが(磨)く (이를) 닦다
他(ほか) 이외　ほとんど 거의, 대부분　～だけ ～만, ～뿐　住所(じゅうしょ) 주소　間違(まちが)う 틀리다　～にとっては ～으로서는
まったく (부정의 말을 수반하여) 전혀

06 ケータイ

이제 휴대전화(ケータイ)는 우리 생활에서 없어서는 안 될 필수품으로, 급히 연락을 취해야 할 때 매우 편리합니다. 그런데 종종 에티켓을 지키지 않는 사람들이 있어서 눈살을 찌푸리게 되죠. 전철 등에서 벨소리가 크게 울리거나 다른 사람을 의식하지 않고 큰 소리로 통화를 한다거나 하는 행동들 때문에요. 공공장소에서는 매너모드(マナーモード)로 해 놓고 통화는 되도록 짧게 하는 것이 휴대전화 사용의 기본 매너라고 할 수 있겠죠.

학 / 습 / 포 / 인 / 트

- **～たばかり** ~한 지 얼마 안 됨
- **～のに** ~인데(도 불구하고)
- **～って** ~라고, ~라는, ~라는 것은
- **～ので** ~때문에

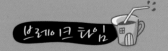
브레이크 타임

메일도 휴대전화로!

일본 휴대전화는 화면 액정 크기가 대체로 큽니다. 그 이유는 휴대전화에도 메일 주소가 있어서, 화면이 작으면 메일을 작성할 때 변환 기능 사용에 어려움이 있고, 많은 정보나 메일 내용을 보는 데에도 어려움이 있기 때문이죠. 우리처럼 전화번호로 주고받는 간단한 문자 메시지도 있기는 하지만, 일본 사람들은 보통 메일로 주고받습니다. 또 PC와 휴대전화 간에도 핸드폰 메일 주소로 메일을 주고받지요. 다만 메일을 주고받기 위해서는 데이터 이용료가 드는데요, 긴 메일이나 사진을 첨부하는 등의 데이터 용량에 따라 요금이 비싸진다고 하네요. 그래서 젊은이들의 경우에는 한 달에 평균 8천 엔~만 엔 정도의 요금이 나온다고 합니다.

Q&A
- 伊東さんは新しいケータイのどんなところが気に入りましたか。
- ケータイを使わないほうがいい場所はどこですか。

Dialogue

16. MP3

金 伊東さん、新しいケータイですか。すてきですね。

伊東 ええ。最新モデルでデザインも気に入って、買っちゃいましたよ。

金 最近、新しいデザインのケータイが毎日のように出ていますね。

私もケータイ買ったばかりなのに、また新しいのがほしいですよ。

伊東 最近のＩＴ業界って競争が激しいですからね。

金 そうですね。

ところで、日本では電車の中でケータイを使う人を見たことないんですが、

ケータイ使うのは禁止されているんですか。

伊東 禁止されてはいませんが、他の人に迷惑になるのであまり使いませんね。

着信もマナーモードに

したりしますね。

어휘

ケータイ 휴대전화 ＊「携帯電話（けいたいでんわ）」의 준말　どんな 어떤　ところ 부분, 점　気（き）に入（い）る 마음에 들다　すてき（素敵）だ 멋지다
最新（さいしん）최신　モデル 모델　デザイン 디자인　買（か）う 사다　～ちゃう ～해 버리다, ～하고 말다 ＊「～てしまう」의 회화체표현
～のように ～같이, ～처럼　ほしい 갖고 싶다　業界（ぎょうかい）업계　競争（きょうそう）경쟁　激（はげ）しい 심하다　禁止（きんし）금지
迷惑（めいわく）になる 폐 [방해] 가 되다　あまり (부정의 말을 수반하여) 그다지, 별로　着信（ちゃくしん）착신　マナーモード 매너모드

49

Sentence Pattern

1 〜たばかり 〜한 지 얼마 안 됨

- さっき空港_{くうこう}に着_ついたばかりです。

- ゴルフを始_{はじ}めたばかりでまだ下手_{へた}です。

- 日本_{にほん}に来_きたばかりのころは日本語_{にほんご}がわからなくて苦労_{くろう}しました。

2 〜のに 〜인데(도 불구하고)

- 合格_{ごうかく}すると思_{おも}っていたのに、不合格_{ふごうかく}でした。

- その店_{みせ}はおいしくないのに、いつも客_{きゃく}が多_{おお}いです。

- 金_{キム}さんは英語_{えいご}が上手_{じょうず}なのに、あまり話_{はな}しません。

- 5月_{がつ}なのに、真夏_{まなつ}のように暑_{あつ}いですね。

어휘

さっき 조금 전, 아까 着(つ)く 도착하다 ゴルフ 골프 始(はじ)める 시작하다 まだ 아직 下手(へた)だ 잘 못하다, 서투르다
苦労(くろう) 고생 不合格(ふごうかく) 불합격 客(きゃく) 손님 真夏(まなつ) 한여름

3 〜って 〜라고, 〜라는, 〜라는 것은

- 田中さんっていう人を知っていますか。
- 先生に日本語が上手だってほめられた。
- 人に迷惑になるってことですか。
- 結婚するって本当ですか。

※ 中国から家族が来るんですって。

4 〜ので 〜때문에

- 電車の事故があったので、会社に遅刻してしまった。
- 寒いので早く帰りましょう。
- コーヒーが大好きなので一日に5杯は飲みます。
- きのうは休みだったので、友だちとドライブに行きました。

어휘

事故(じこ) 사고 コーヒー 커피 〜が大好(だいす)きだ 〜을 매우 좋아하다 一日(いちにち) 하루 〜杯(はい) 〜잔 ドライブ 드라이브 〜に行(い)く 〜하러 가다

Challenge

1 보기와 같이 문장을 바꿔 보세요.

> 보기
>
> この靴は先週買いました ➡ この靴は先週買ったばかりです。

① きのう彼女に会いました ➡ _____

② さっきコーヒーを飲みました ➡ _____

③ このビルは先月建ちました ➡ _____

④ 今年の4月に就職しました ➡ _____

2 보기와 같이 문장을 완성해 보세요.

> 보기
>
> 熱があります / 外出します ➡ 熱があるのに外出します。

① アメリカに5年間いました / 英語があまり上手ではありません

➡ _____

② 家が近いです / よく学校に遅れます

➡ _____

③ この花はきれいです / 誰も買いません

➡ _____

④ 日曜日です / 会社に行かなければなりません

➡ _____

어휘

ビル 빌딩 先月(せんげつ) 지난달 建(た)つ (건물이) 서다, 세워지다 今年(ことし) 올해 就職(しゅうしょく) 취직 熱(ねつ)がある 열이 있다
外出(がいしゅつ) 외출 遅(おく)れる 늦다, 지각하다 誰(だれ)も 누구도, 아무도 ～なければならない ～하지 않으면 안 된다, ～해야 한다

3 보기와 같이 문장을 완성해 보세요.

> 보기
> 幸せです / 案外近くにあるものです → 幸せって案外近くにあるものです。

① 吉田さんがアメリカに留学します / 本当ですか

→ _____

② あの店はまずいです / みんな言っています

→ _____

③ そのバイトは楽です / 先輩から聞きました

→ _____

④ 営業の仕事です / けっこう大変ですよ

→ _____

4 보기와 같이 문장을 완성해 보세요.

> 보기
> 風邪を引く / 病院へ行く → 風邪を引いたので病院へ行った。

① 久しぶりにいなかへ帰れる / うれしい → _____

② この道は狭い / 通れない → _____

③ お腹がいっぱいだ / 食べられない → _____

④ 雨だ / 傘をさして散歩する → _____

어휘

幸(しあわ)せ 행복　留学(りゅうがく) 유학　バイト 아르바이트 *「アルバイト」의 준말　楽(らく)だ 편안하다, 편하다　先輩(せんぱい) 선배
営業(えいぎょう) 영업　けっこう(結構) 꽤　大変(たいへん)だ 힘들다, 고생스럽다　風邪(かぜ)を引(ひ)く 감기에 걸리다
久(ひさ)しぶりだ 오랜만이다　いなか(田舎) 시골, 고향　通(とお)る 지나가다, 통과하다　お腹(なか)がいっぱいだ 배가 부르다
傘(かさ)をさす 우산을 쓰다

Talk & Talk

17. MP3

1　〜たばかり 〜한 지 얼마 안 됨

A: 彼、①日本語ができるんですか。

B: ②始めたばかりだから、まだ③できないと思いますよ。

1 ① 韓国人の友だちがいる　　② 韓国に来る　　③ いない

2 ① もう出かけた　　② 出る　　③ その辺にいる

2　〜のに 〜인데(도 불구하고)

A: 佐々木さん、①また落ちたそうですよ。

B: ②試験前なのに③お酒を飲んでいましたからね。

1 ① 腕相撲大会で優勝する　　② 小柄だ　　③ すごいです

2 ① 先月で会社を辞める　　② せっかく親しくなった　　③ 残念です

3　〜って 〜라고, 〜라는, 〜라는 것은

A: ①リサイクルって何ですか。

B: ②物を再利用するということですよ。

1 ① イケメン　　② ハンサムな若い男性

2 ① グルメ　　② 美食家

4　〜ので 〜때문에

A: ①日本語が下手なので、②ゆっくり話してください。

B: はい、わかりました。

1 ① ペンキが乾いていない　　② 気を付ける

2 ① 来週パーティーがある　　② 予定を空けておく

18. MP3

ケータイ利用者の「通話」と「メール」の利用比率調査を見ると、最も回答が多かったのは「通話：10%、メール：90%」でした。次に「通話：20%、メール：80%」、そして「通話：30%、メール：70%」の（①　）で、62.4%の回答者が「通話」より「メール」を多く利用していました。また、利用比率は（②　）や世代で（③　）、「メール」を（④　）利用しているのは、性別では女性、世代で見ると若い世代でした。

1 内容をよく聞いて（　　　　）に入る言葉を書きましょう。

①　　　　　　　②　　　　　　　③　　　　　　　④

2 「通話」より「メール」を多く利用すると答えた人は何%ですか。

① 62.4%　　　② 52.7%　　　③ 26.4%　　　④ 72.7%

3 内容に合っているものはどれですか。

① 全体の62.4%の回答者が「メール」よりも「通話」を多く使っている。

② 世代が若くなるほど「通話」の利用比率が高かった。

③ 男性よりも女性の方が「メール」の利用比率が高かった。

어휘

出(で)かける (밖에) 나가다　出(で)る (밖으로) 나가다　その辺(へん) 그 근처　腕相撲(うでずもう) 팔씨름　優勝(ゆうしょう) 우승
小柄(こがら)だ 몸집이 작다　辞(や)める (일자리를) 그만두다　せっかく 모처럼　リサイクル 리사이클. 재활용　物(もの) 물건
再利用(さいりよう) 재이용　イケメン 미남　グルメ 구르메, 미식가　＊요즘에는 '맛있는 음식', '맛집'의 의미로도 많이 쓰임
美食家(びしょくか) 미식가　ペンキ 페인트　乾(かわ)く 마르다　気(き)を付(つ)ける 조심하다. 주의하다　空(あ)ける 시간을 비워 두다
通話(つうわ) 통화　メール 메일　比率(ひりつ) 비율　回答(かいとう) 회답　世代(せだい) 세대　〜ほど 〜할수록

55

07 旅行

여러분 일본으로 여행 가고 싶지 않으세요? 일본은 가깝고 볼거리나 먹거리도 많아서 여행지로는 적격이죠. 그럼, 일본 사람들의 여행 패턴은 어떨까요? 일본 사람들은 가족 또는 동료와 온천이나 관광지로 여행을 많이 다니고, 때로는 맛집이나 특별한 축제가 열리는 곳을 찾아다니며 즐기기도 해요. 주로 여행사를 통한 패키지여행이 많고, 저녁에는 특별히 마련된 연회장에서 단체로 식사를 하면서 이야기도 나누고 노래도 부르면서 연회를 즐기기도 한답니다.

학 / 습 / 포 / 인 / 트

- **～さ** ～임, ～함
- **～とか** ～(이)든지, ～라든가
- **～らしい** ～답다
- **～と言えば** ～(이)라고 하면

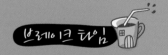

오감만족, '온천여관'!

일본 사람은 연휴나 휴가 때 온천여행을 많이 갑니다. 일본에서 온천에 간다고 하면 1박 2식을 포함한 온천이 딸려 있는 온천여관(温泉旅館)으로 가는 것이 보통입니다. 방은 대부분 다다미방이고, 식사를 자신의 방에서 할 수 있습니다. 숙박료는 일인당 8천 엔~10만 엔으로 시설이나 서비스에 따라 천차만별이므로 본인의 경제 사정에 맞춰 선택합니다. 젊은이들은 주머니 사정을 고려해 '당일치기 온천여행'을 선호하는 편입니다. '온천을 여유 있게 즐기고 탕에서 나와 유카타(浴衣)를 입고 피부관리나 마사지를 받으면서 휴식을 취한다. 그런 다음 맥주를 마시며 식사를 하고 휴게실에 누워 조금 자고 다시 온천으로…', 이것이 요즘 일본 젊은이들이 휴일을 즐기는 방법이라고 합니다.

Q & A
- 李さんはどんなところに行きたがっていますか。
- 日本らしいところはどこですか。

Dialogue

19. MP3

李 夏休みに日本に旅行に行きたいんですが、どこがいいですか。

松本 そうですね。李さんは暑いのは大丈夫ですか。

李 私は暑さに弱いので、できれば涼しいところがいいですね。

松本 それじゃ、北海道とか東北はどうですか。

北海道は景色がきれいで、食べ物もおいしいですよ。

李 そうですか。

ところで、北海道では日本らしい雰囲気も楽しめますか。

松本 うーん、日本らしいところと言えば、やっぱり京都ですね。

李 そうですか。じゃ、今回は京都に行きます。

松本 楽しい旅行になるといいですね。

어휘

ところ 곳, 데 ~たがる (제삼자가) ~(하)고 싶어 하다 夏休(なつやす)み 여름휴가, 여름방학 ~たい ~(하)고 싶다 暑(あつ)さ 더위
弱(よわ)い 약하다, 견디는 힘이 부족하다 涼(すず)しい 시원하다, 서늘하다 東北(とうほく) 도호쿠 *「本州(ほんしゅう)」(혼슈: 일본 열도 중
주가 되는 최대의 섬)의 동북부 지방 景色(けしき) 경치 食(た)べ物(もの) 음식, 먹을 것 雰囲気(ふんいき) 분위기 楽(たの)しむ 즐기다
うーん 음- *뭔가 생각할 때 내는 소리 やっぱり 역시 *「やはり」의 변한말 今回(こんかい) 이번 ~といい ~(하)면 좋겠다

57

1 〜さ 〜임, 〜함

• 今年の暑さは異常だ。

• この池の深さはどれくらいですか。

• 人間は便利さを追求してきた。

• 健康の大切さがわかりました。

2 〜とか 〜(이)든지, 〜라든가

• 休みの日は掃除をするとか、本を読むとかして過ごします。

• 誕生日のプレゼントにはネクタイとか財布とかがいいと思いますよ。

• 彼は結婚とか恋愛には興味がありません。

어휘

異常(いじょう)だ 이상하다 ＊보통과 다른 상태를 말함　池(いけ) 연못　深(ふか)さ 깊이　どれくらい 어느 정도　人間(にんげん) 인간
便利(べんり)さ 편리함　追求(ついきゅう) 추구　健康(けんこう) 건강　大切(たいせつ)さ 소중함　〜がわかる 〜을 알다
休(やす)みの日(ひ) 휴일　過(す)ごす (시간을) 보내다　財布(さいふ) 지갑　結婚(けっこん) 결혼　恋愛(れんあい) 연애　興味(きょうみ) 흥미

3 ～らしい ～답다

- 今日は春らしい天気ですね。
- 気温が下がってようやく冬らしくなった。
- あの人は本当に先生らしい先生ですね。
- そんな元気のない顔は田中さんらしくありませんよ。

※ 事故で電車が止まっているらしい。

4 ～と言えば ～(이)라고 하면

- 韓国の代表的な食べ物と言えば「カルビ」です。
- 日本で一番人気のあるスポーツと言えば「野球」です。
- ビールのおつまみと言えば枝豆が一番です。
- カキ料理と言えば広島が本場です。

어휘

気温(きおん)が下(さ)がる 기온이 내려가다　ようやく 드디어　元気(げんき) 기운　事故(じこ) 사고　止(と)まる 멎다, 서다
代表的(だいひょうてき) 대표적　カルビ 갈비　一番(いちばん) 가장, 제일　人気(にんき) 인기　スポーツ 스포츠　野球(やきゅう) 야구
ビール 맥주　つまみ 술안주　枝豆(えだまめ) 에다마메　＊삶은 완두콩　カキ 굴　本場(ほんば) 본고장

1 보기 중에서 ( ) 안에 알맞은 말을 찾아 넣으세요.

> 보기
>
> 深^{ふか}さ　　寒^{さむ}さ　　不便^{ふ べん}さ　　重^{おも}さ　　大^{おお}きさ　　大切^{たい せつ}さ

① 私^{わたし}は左右^{さ ゆう}の足^{あし}の( )が違^{ちが}います。

② スーツケースの( )は25キロでした。

③ ( )に弱^{よわ}いので、冬^{ふゆ}が大嫌^{だいきら}いです。

④ ここは交通^{こうつう}の( )から観光客^{かんこうきゃく}も少^{すく}ないです。

2 ( ) 안의 말을 「~とか」 문형을 이용해 바꿔 보세요.

① (野菜^{や さい} / 果物^{くだもの})たくさん取^とったほうがいいです

　→ _____

② (草津^{くさつ} / 別府^{べっ ぷ})いろいろな温泉^{おんせん}へ行^いってきました

　→ _____

③ 近^{ちか}くには(銀行^{ぎんこう} / 病院^{びょういん})生活^{せいかつ}に必要^{ひつよう}な施設^{し せつ}が揃^{そろ}っています

　→ _____

④ 連休^{れんきゅう}の時^{とき}は(海外^{かいがい}に行^いく / 実家^{じっか}に帰^{かえ}る)しています

　→ _____

어휘

不便(ふべん)さ 불편함　重(おも)さ 무게, 중량　大(おお)きさ 크기　左右(さゆう) 좌우　違(ちが)う 다르다　スーツケース 여행가방
~が大嫌(だいきら)いだ ~을 매우 싫어하다　取(と)る 먹다　~たほうがいい ~(하)는 편이 좋다　草津(くさつ) 구사쓰 *일본 간토지방
군마현의 온천으로 유명한 곳　別府(べっぷ) 벳푸 *일본 규슈 오이타현의 온천으로 유명한 곳　揃(そろ)う 갖추어지다　実家(じっか) 본가, 친정

3 보기와 같이 주어진 말을 「～らしい」 문형을 이용해 바꿔 보세요.

> 보기
> 今年の冬は(　　　ない)日が多い(冬)
> → 今年の冬は(冬らしくない)日が多い。

① 私は(　　　　　)人が好きです(男)　→ _____

② 遅刻するなんて(　　　　ない)ですね(彼)　→ _____

③ ここ何日か(　　　　)雨が降っていない(雨)　→ _____

④ 最近は(　　　　)子供が少なくなった(子供)　→ _____

4 보기와 같이 문장을 바꿔 보세요.

> 보기
> 日本の山です(富士山) → 日本の山と言えば富士山です。

① 日本の花です(桜)
→ _____

② 日本の代表的な食べ物です(寿司)
→ _____

③ 世界で有名な日本の作家です(川端康成)
→ _____

④ 演技のうまい俳優です(木村拓哉)
→ _____

어휘

～なんて (뜻밖이라는 뜻으로) ～하다니　ここ 요, 요새　何日(なんにち) (날수의) 며칠　桜(さくら) 벚꽃　作家(さっか) 작가
川端康成(かわばたやすなり) 가와바타 야스나리 *일본의 소설가(1899~1972). 1968년에 「雪国(ゆきぐに)」(설국)로 노벨문학상을 받음
演技(えんぎ) 연기　うまい 잘하다　俳優(はいゆう) 배우　木村拓哉(きむらたくや) 기무라 타쿠야 *일본의 유명 남성 배우

1 〜さ ~임, ~함

A: ①あの山の②高さはどれくらいですか。

B: さあ、よくわかりません。

1 ① 韓国の国土　② 広い

2 ① 日本列島　② 長い

2 〜とか ~(이)든지, ~라든가

A: 朴さんはよく①スポーツを②しますか。

B: ええ、③テニスとか④水泳とかを②します。

1 ① 音楽　② 聞く　③ ジャズ　④ J-POP

2 ① テレビ　② 見る　③ ドラマ　④ ニュース

3 〜らしい ~답다

A: ①山本君は②生意気ですね。

B: そうですね。③新入社員らしくないですね。

1 ① 田中さん　② いつもミニスカート　③ 主婦

2 ① ユミちゃん　② いつも厚化粧　③ 大学生

4 〜と言えば ~(이)라고 하면

A: ①フランスと言えば、やっぱり②ワインでしょう。

B: うーん、私は①フランスというと、③ファッションを思い出しますね。

1 ① 日本の食べ物　② 寿司　③ トンカツ

2 ① 韓国の食べ物　② キムチ　③ 焼き肉

21. MP3

　　韓国は日本への旅行者が世界で最も多い国ですが、アジア（①　　　　）危機の影響で、1998年には日本への旅行者が大幅に減少して72万人になりました。その結果、世界1位の座を台湾に（②　　　　）しまいました。しかし、その後韓国から日本へ旅行する人は毎年増え続け、1999年から現在までずっと世界1位の旅行者数を（③　　　　）しています。2006年には212万人となり、初めて200万人を超えました。さらに、2007年には260万人に増え、初めて日本から韓国に来る旅行者の数を（④　　　　　　　）。

1 内容をよく聞いて（　　　　）に入る言葉を書きましょう。

① 　　　　　　　② 　　　　　　　③ 　　　　　　　④

2 2007年に日本へ旅行した韓国人は何人ですか。

① 72万人　　　　② 200万人　　　　③ 212万人　　　　④ 260万人

3 内容に合っているものはどれですか。

① 1998年に最も多く日本へ旅行に行ったのは韓国人だ。

② 韓国から日本へ旅行に行く人の数は1999年以降増え続けている。

③ 2007年には韓国から日本へ旅行に行った人が初めて200万人を超えた。

어휘

さあ 글쎄 ＊주저할 때의 말　国土(こくど) 국토　広(ひろ)い 넓다　列島(れっとう) 열도　長(なが)い (길이가) 길다　ジャズ 재즈
J-POP (ジェイポップ) 제이 팝　＊일본 대중가요에서 비교적 젊은 세대가 좋아하는 음악을 총칭한 장르　生意気(なまいき)だ 건방지다
厚化粧(あつげしょう) 짙은 화장　トンカツ 돈가스　＊危機(きき) 위기　大幅(おおはば) 수량·규모 등의 변동이 큼　減少(げんしょう) 감소
座(ざ) (지위·신분 등의) 자리　台湾(たいわん) 대만, 타이완　増(ふ)える (수·양 등이) 늘다, 증가하다
동사의 ます형＋続(つづ)ける 계속 ～하다　ずっと 쭉, 계속　初(はじ)めて 처음으로　超(こ)える (정도를) 넘다, 초과하다

63

08 日本の夏

여러분은 여름에 일본에 가 본 적이 있나요? 일본의 여름은 무척 덥고 습기가 많아서 목욕을 자주 안 하면 견디기가 힘들죠. 그러다 보니 자연히 목욕문화가 발달하고, 유카타(浴衣) 같이 시원한 옷을 입게 되었다고 하네요. 그리고 집 안도 다다미를 깔아 통풍이 잘 되게 만들었대요. 또한 여름에는 축제(祭り)와 불꽃놀이대회(花火大会)가 각지에서 열리는데, 낮에는 더워서 주로 선선한 저녁에 하니 기회가 되면 꼭 구경해 보세요.

학 / 습 / 포 / 인 / 트

- **~によって違う** ~에 따라 다르다
- **~こともある** ~인 일[경우]도 있다
- **~てみたい** ~(해) 보고 싶다
- **~れる・~られる** ~하시다 〈존경〉

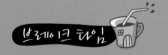

일본의 여름 나기!

일본의 여름을 대표하는 것으로는 불꽃놀이대회(花火大会)를 들 수 있습니다. 7, 8월이 되면 전국적으로 크고 작은 규모의 불꽃놀이대회(花火大会)가 곳곳에서 열리는데요, 가족이나 친구, 연인끼리 데이트를 즐기기 위해 옵니다. 젊은 여성들 중에는 평소에는 잘 입지 않는 유카타(浴衣)를 예쁘게 차려 입고 불꽃놀이를 보러 가는 사람도 많습니다. 그리고 또 하나의 여름 풍경으로 비어 가든(ビヤガーデン: 정원풍의 옥외 맥주홀)을 들 수 있습니다. 백화점의 스카이라운지, 호텔의 야외 테라스 등, 개방된 옥외에서 시원~한 맥주를 에다마메(枝豆: 삶은 완두콩)와 함께 마시는 것도 여름에만 느낄 수 있는 즐거움입니다.

Q&A
・ 日本の夏は韓国と比べてどうですか。
・ 伊東さんは日本で何をしましたか。

Dialogue

22. MP3

伊東　今日は朝からずいぶん暑いですね。

李　　ええ、日本の夏もこんなに暑いですか。

伊東　ええ、地域によって違いますが、日本は蒸し暑いんですよ。

李　　それはたまりませんね。

　　　韓国は暑くてもさらっとしていますからね。

伊東　ええ。それで日本人は夏に浴衣を着るんですよ。

李　　ああ、お祭りや花火大会で着る着物ですね。

伊東　ええ、日本にいた時はおみこしを担いだこともありますよ。

李　　へえ、私も日本のお祭りを見てみたいな。

伊東　ああ、加藤部長は今年ご家族で
　　　参加されるそうですよ。

어휘

比(くら)べる 비교하다　ずいぶん 꽤, 상당히　こんなに 이렇게　蒸(む)し暑(あつ)い 무덥다　たまらない 견딜 수 없다, 참을 수 없다
さらっと 산뜻하게 *습기나 찐득찐득한 기운이 없는 모양　浴衣(ゆかた) 유카타 *여름철 또는 목욕 후에 입는 무명홑옷
着(き)る (옷 등을) 입다　祭(まつ)り 마쓰리, 축제　花火大会(はなびたいかい) 불꽃놀이대회　着物(きもの) (서양옷에 대하여) 일본옷
みこし(御輿) 신여 *신위(神位)를 모신 가마　担(かつ)ぐ 지다, 메다　へえ 허 *감탄・놀람 등을 나타내는 소리　〜そうだ 〜라고 한다

1 ～によって違<ruby>違<rt>ちが</rt></ruby>う　～에 따라 다르다

- <ruby>学生食堂<rt>がくせいしょくどう</rt></ruby>のメニューは<ruby>曜日<rt>ようび</rt></ruby>によって<ruby>違<rt>ちが</rt></ruby>います。
- <ruby>文化<rt>ぶんか</rt></ruby>や<ruby>習慣<rt>しゅうかん</rt></ruby>は<ruby>国<rt>くに</rt></ruby>によって<ruby>違<rt>ちが</rt></ruby>う。
- <ruby>材料<rt>ざいりょう</rt></ruby>によって<ruby>料理<rt>りょうり</rt></ruby>の<ruby>味<rt>あじ</rt></ruby>が<ruby>違<rt>ちが</rt></ruby>います。

2 ～こともある　～인 일[경우]도 있다

- <ruby>電車<rt>でんしゃ</rt></ruby>の<ruby>中<rt>なか</rt></ruby>ではたいてい<ruby>本<rt>ほん</rt></ruby>を<ruby>読<rt>よ</rt></ruby>むが、たまにMP３を<ruby>聞<rt>き</rt></ruby>くこともある。
- <ruby>時々<rt>ときどき</rt></ruby>バイトでジムに<ruby>行<rt>い</rt></ruby>かないこともある。
- <ruby>言葉<rt>ことば</rt></ruby>では<ruby>伝<rt>つた</rt></ruby>えられないこともあります。

어휘

学生(がくせい) 학생　食堂(しょくどう) 식당　メニュー 메뉴　曜日(ようび) 요일　文化(ぶんか) 문화　習慣(しゅうかん) 습관, 관습, 풍습
国(くに) 나라　材料(ざいりょう) 재료　味(あじ) 맛　たいてい 대개, 보통　たまに 가끔　時々(ときどき) 때때로, 가끔　ジム 헬스클럽
言葉(ことば) 말　伝(つた)える 전하다

3 ～てみたい ～(해) 보고 싶다

- 一度は海外で暮らしてみたい。

- 行ってみたい国はどこですか。

- 彼女の手料理を食べてみたい。

- 機会があれば、着物を着てみたいです。

- いつかアフリカを旅行してみたいと思います。

4 ～れる・～られる ～하시다〈존경〉

- 田中さんはアメリカにいつ行かれますか。

- タクシーによく乗られるんですか。

- いつも何時に起きられますか。

- 日本語はどこで勉強されましたか。

- 社長は会議に来られましたか。

어휘

一度(いちど) 한 번　海外(かいがい) 해외　暮(く)らす 살다, 생활하다　手料理(てりょうり) 손수 만든 요리　機会(きかい) 기회
着物(きもの) 기모노 ＊일본 전통 의상　いつか 언젠가　アフリカ 아프리카

Challenge

1 보기와 같이 문장을 완성해 보세요.

> 보기
> 人 / 性格が違う → 人によって性格が違います。

① 国 / 習慣が違う → _____

② 品物 / 値段が違う → _____

③ 会社 / 給料が違う → _____

④ 色 / イメージが違う → _____

2 보기와 같이 문장을 바꿔 보세요.

> 보기
> たまにお風呂に入らないで寝ます
> → たまにお風呂に入らないで寝ることもあります。

① 普段はラフな格好ですが、時々スーツを着ます

→ _____

② 時々家族と温泉に行きます

→ _____

③ 親しい友だち同士でもたまにけんかします

→ _____

④ いくら上手な人でもたまにはミスをします

→ _____

어휘

人(ひと) 사람　性格(せいかく) 성격　品物(しなもの) 물품, 상품　値段(ねだん) 값, 가격　給料(きゅうりょう) 급료, 봉급　色(いろ) 색, 색깔
イメージ 이미지　風呂(ふろ)に入(はい)る 목욕하다　普段(ふだん) 평소, 평상시　ラフだ 러프하다, 소탈하다　格好(かっこう) 모습, 모양, 차림
スーツ 슈트, 양복　親(した)しい 친하다　〜同士(どうし) 〜끼리　けんか(喧嘩) 싸움　いくら 아무리

3 ( ) 안의 말을 「~てみたい」 문형을 이용해 바꿔 보세요.

① 自分のホームページを(作る) → _____

② いい人なら一度(会う) → _____

③ 卒業したら貿易関係の会社で(働く) → _____

④ 庭付きの一戸建てに(住む) → _____

4 보기와 같이 문장을 바꿔 보세요.

> 보기
> 課長は先週会社を辞めました → 課長は先週会社を辞められました。

① お花見にはもう行きましたか

→ _____

② 部長、奥様には会いましたか

→ _____

③ 社長はあさってカナダから来ます

→ _____

④ 部長はあしたのパーティーに出席しますか

→ _____

어휘

ホームページ 홈페이지 卒業(そつぎょう) 졸업 貿易(ぼうえき) 무역 庭付(にわつ)き 마당이 딸림 一戸建(いっこだ)て 단독주택
住(す)む 살다, 거주하다 花見(はなみ) 꽃놀이, 벚꽃놀이 もう 이미, 벌써 奥様(おくさま) 사모님 * 남의 부인을 높여 이르는 말
あさって(明後日) 모레 カナダ 캐나다

1 ～によって違う ～에 따라 다르다

A: ①曜日によって②値段が違います。

B: ③渋滞もそうです。

1 ① 選手　　② 収入　　③ 待遇

2 ① 季節　　② 果物　　③ 風景

2 ～こともある ～인 일[경우]도 있다

A: いつも①朝食は②ご飯ですか。

B: いいえ、③パンを食べることもあります。

1 ① 運動　　　　② テニス　　　③ ジョギングをする

2 ① 英語の試験　② 難しい　　　③ やさしい

3 ～てみたい ～(해) 보고 싶다

A: ①ヨーロッパを②旅行したことがありますか。

B: いいえ、でもぜひ②旅行してみたいです。

1 ① 歌舞伎　　② 見る

2 ① 犬　　　② 飼う

4 ～れる・～られる ～하시다 〈존경〉

A: ①中国に留学されるそうですね。

B: ええ、②来週行きます。

1 ① 出張でメキシコに行く　　② 今週の土曜日行く

2 ① 香港からご両親が来る　　② 今日の午後着く

日本の夏と言えば花火を（①　　　）する人もたくさんいますが、実は花火は中国で生まれました。中国で花火が生まれたのは、6世紀とも10世紀とも言われています。花火はそれからヨーロッパに伝わった後、日本にも伝わりました。17世紀からは日本でも花火大会が（②　　　）、現在は全国で400以上の大会が（③　　　）います。花火（④　　　）の値段は数千円から、100万円を超えるものまであるそうです。

1 内容をよく聞いて（　　　）に入る言葉を書きましょう。

①　　　　　　　②　　　　　　　③　　　　　　　④

2 日本で花火大会が始まったのはいつですか。

① 6世紀　　　　② 10世紀　　　　③ 17世紀　　　　④ 18世紀

3 内容に合っているものはどれですか。

① もともと花火は日本で生まれた。

② 日本からヨーロッパに花火が伝わった。

③ 最も高い花火は一発の値段が100万円以上する。

°**어휘**

曜日（ようび）요일　渋滞（じゅうたい）정체, 지체　選手（せんしゅ）선수　収入（しゅうにゅう）수입　待遇（たいぐう）대우, 처우
季節（きせつ）계절　果物（くだもの）과일　風景（ふうけい）풍경　ジョギング 조깅　歌舞伎（かぶき）가부키　＊일본 고유의 민중 연극
飼（か）う（동물을）기르다　メキシコ 멕시코　香港（ホンコン）홍콩　着（つ）く 도착하다　生（う）まれる（비유적으로）태어나다, 생겨나다
世紀（せいき）세기　〜とも（판단 내리기에 막연함을 나타내어）〜라고도　伝（つた）わる 전해지다　超（こ）える（정도를）넘다, 초과하다
もともと 본래

割勘

"오늘은 내가 낼게." "아니야, 내가 낼게." 우리나라 음식점에서는 이런 대화를 자주 들을 수 있죠. 이처럼 우리는 '대접하는' 문화가 일반적이고, '각자가 자기 몫을 지불하는' 문화에는 왠지 익숙하지 않은 것 같아요. 그럼, 일본은 어떨까요? 일본에서는 모임이 있을 때 음식값을 인원수대로 나누어서 계산하는 「割勘」(각자 부담) 문화가 일반적이랍니다. 여러분은 어느 쪽이 좋은 것 같으세요?

학 / 습 / 포 / 인 / 트

- **〜ことになる** 〜(하)게 되다
- **〜でしょうか** 〜까요
- **〜にする** 〜로 하다
- **〜なら** 〜(하)면, 〜(한)다면, 〜(할) 거면

내가 먹은 것은 내가!
일본에서는 모임 등에서 혼자 음식값을 다 내는 경우가 드뭅니다. 대부분 아주 작은 잔돈까지 인원수대로 나눠서 내죠. 웬만큼 지위의 차이가 없는 한, 모두 평등하게 값을 지불합니다. 각자 부담(割勘)을 하기 때문에 한 명에게 부담을 주는 일이 없지요. 이 또한 선물과 마찬가지로 '빚 없는 사이'로 오래도록 친분을 유지할 수 있게 만드는 문화인 것입니다. 그러므로 특별한 접대가 아니라면 굳이 혼자 돈을 다 내려고 애쓰지 마세요. 오히려 상대방이 부담스럽게 느낄지도 모릅니다.

Q&A
- 金さんは今晩何をしますか。
- 松本さんはどんなアドバイスをしましたか。

Dialogue

`25. MP3`

金　今晩、木村さんの送別会をすることになったんですが、

どこがいいでしょうか。

松本　うーん、そうですね。駅前の「花」っていう店はどうですか。

金　ああ、この間、一緒に行った、あの店ですか。

料理もおいしかったし、あそこにしようかな。

松本　それじゃ、予約したほうがいいですよ。予算はいくらですか。

金　よくわからないんですが、普通いくらぐらいですか。

松本　うーん、一人3千円ぐらいで割勘にすればいいですよ。

金　ああ、それなら負担にも

ならなくていいですね。

어휘

今晩(こんばん) 오늘 밤　アドバイス 어드바이스　送別会(そうべつかい) 송별회　うーん 음- ＊뭔가 생각할 때 내는 소리　～って ～라고
この間(あいだ) 요전, 지난번　～し ～고　予約(よやく) 예약　～たほうがいい ～(하)는 편이 좋다　予算(よさん) 예산
普通(ふつう) 보통, 통상적임　割勘(わりかん) 각자 부담, 비용을 각자 균등하게 부담하는 것　負担(ふたん) 부담

1 ～ことになる ～(하)게 되다

- 転勤することになって横浜に引っ越した。
- 来月、カナダに出張することになった。
- 来週からアジア銀行で働くことになりました。

2 ～でしょうか ～까요

- 来月、本当に人事異動があるでしょうか。
- 今頃札幌は寒いでしょうか。
- 松田さんは元気でしょうか。
- 家賃はいくらぐらいでしょうか。

어휘

転勤(てんきん) 전근 引(ひ)っ越(こ)す 이사하다 カナダ 캐나다 人事異動(じんじいどう) 인사이동 今頃(いまごろ) 지금쯤. 이맘때
元気(げんき)だ 건강하다. 잘 지내다 家賃(やちん) 집세

3 〜にする 〜로 하다

- メニューは何_{なに}にしましょうか。

- 場所_{ばしょ}はチョンノにしました。

- 日付_{ひづけ}は6日_{むいか}にしてください。

- プレゼントはスカーフにしました。

- 結婚指輪_{けっこんゆびわ}はダイヤモンドにした。

4 〜なら 〜(하)면, 〜(한)다면, 〜(할) 거면

- 眼鏡_{めがね}を買_かうなら、あの店_{みせ}が安_{やす}いですよ。

- 成績_{せいせき}が悪_{わる}いなら、もっと勉強_{べんきょう}しなければなりませんね。

- 説明書_{せつめいしょ}が必要_{ひつよう}なら、電話_{でんわ}をかけてください。

- 韓国_{かんこく}の食_たべ物_{もの}なら、カルビが一番_{いちばん}ですね。

어휘

メニュー 메뉴 場所(ばしょ) 장소 日付(ひづけ) 날짜 指輪(ゆびわ) 반지 ダイヤモンド 다이아몬드 眼鏡(めがね) 안경
成績(せいせき) 성적 もっと 좀 더 〜なければならない 〜하지 않으면 안 된다, 〜해야 한다 説明書(せつめいしょ) 설명서
必要(ひつよう)だ 필요하다 電話(でんわ)をかける 전화를 걸다 カルビ 갈비

1 보기와 같이 문장을 바꿔 보세요.

> 보기
> 来年結婚します → 来年結婚することになりました。

① 家庭の事情で会社を辞めます → _____

② 仕事の関係で引っ越しします → _____

③ 来月から営業部で働きます → _____

④ 今月はボーナスが出ません → _____

2 보기와 같이 문장을 바꿔 보세요.

> 보기
> バスの方が速いです → バスの方が速いでしょうか。

① 部長は来ます

→ _____

② その店のお刺身はおいしいです

→ _____

③ 交通は便利です

→ _____

④ 新しい店長はどんな人です

→ _____

어휘

家庭(かてい) 가정, 집안 事情(じじょう) 사정 辞(や)める (일자리를) 그만두다 仕事(しごと) 일 関係(かんけい) 관계
引(ひ)っ越(こ)し 이사 営業部(えいぎょうぶ) 영업부 働(はたら)く 일하다 ボーナス 보너스, 상여금 出(で)る 나오다
速(はや)い (속도가) 빠르다 刺身(さしみ) 생선회 店長(てんちょう) 점장

3 ( ) 안의 말을 「〜にする」 문형을 이용해 바꿔 보세요.

① 部長へのお土産は(何) ➡ _____

② タケシの卒業祝いは(財布) ➡ _____

③ 窓から海が見える(部屋) ➡ _____

④ デザートは(アイスクリーム) ➡ _____

4 보기와 같이 문장을 완성해 보세요.

> 보기
> スーパーへ行きます / しょうゆを買って来てくれませんか
> ➡ スーパーへ行くなら、しょうゆを買って来てくれませんか。

① お金のことです / 心配しなくてもいいですよ

➡ _____

② 電子辞書です / 机の上にあります

➡ _____

③ そんなに痛いです / 病院に行ったほうがいいですよ

➡ _____

④ あとで部屋を出ます / 電気を消しておいてください

➡ _____

어휘

土産(みやげ) 선물, 여행지 등에서 사 오는 그곳의 산물 卒業祝(そつぎょういわ)い 졸업 (축하) 선물 財布(さいふ) 지갑 ぜひ 꼭, 제발 デザート 디저트 アイスクリーム 아이스크림 しょうゆ 간장 〜てくれる (남이 나에게) 〜(해) 주다 〜なくてもいい 〜(하)지 않아도 된다 あとで 나중에 電気(でんき)を消(け)す 전등을 끄다

1 〜ことになる 〜(하)게 되다

A: ①4月から②大企業に③勤めることになりました。

B: それはおめでとう。

1 ① 来年　　　　② 東京大学　　　　③ 留学する

2 ① 今月　　　　② 社長　　　　③ 就任する

2 〜でしょうか 〜까요

A: ①田中さんはあした来るでしょうか。

B: ②約束したから③来るでしょう。

1 ① バスと電車とどっちが速い　　② ここからだったら　　③ 電車の方が速い

2 ① 旅館とホテルとどっちがいい　　② 旅行だから　　③ 旅館の方がいい

3 〜にする 〜로 하다

A: ①飲み会はいつにしましょうか。

B: ②今週の金曜はどう。③土曜は休みだし。

1 ① 朴さんの誕生パーティー　　② あさって　　③ あしたまで試験だ

2 ① 次の会議　　② 再来週の月曜　　③ 来週は忙しい

4 〜なら 〜(하)면, 〜(한)다면, 〜(할) 거면

A: ①京都へ行くなら、②Aホテルがいいですよ。

B: あ、そうですか。どうも。

1 ① バイヤーと食事をします　　② Bレストラン

2 ① 安いチケットがほしいです　　② C旅行会社

日本人は割勘が多いことで知られています。韓国に来た日本人（①　　　　）が一緒に食事した後、小銭まで細かく計算して割勘にしている姿を見ると、驚く人も多いでしょう。しかし、日本人はいつでも割勘をするのかというと、（②　　　　）そうではありません。日本でも上司や先輩と一緒に食事をしたりお酒を飲んだりした場合、上司や先輩がおごるのはよくあることです。ただし、忘年会や（③　　　　）、そして歓迎会や送別会などの人数の多い集まりでは、やはり割勘が（④　　　）です。

1 内容をよく聞いて（　　　　）に入る言葉を書きましょう。

① ② ③ ④

2 割勘にする場合はいつですか。

① 上司との食事　　　② 先輩との食事

③ 後輩との食事　　　④ 忘年会

3 内容に合っているものはどれですか。

① 日本人は割勘が多いが、小銭まで割勘にする人はいない。

② 日本人はいつでも割勘にするわけではない。

③ 先輩と後輩が食事をする時は、必ず先輩がおごる。

어휘

大企業（だいきぎょう）대기업　勤（つと）める 근무하다　就任（しゅうにん）취임　どっち 어느 쪽　旅館（りょかん）여관 ホテル 호텔
飲（の）み会（かい）소수의 몇몇이 술을 마시고 즐기는 모임　次（つぎ）다음　再来週（さらいしゅう）다다음 주　バイヤー 바이어
チケット 티켓, 표　小銭（こぜに）잔돈　細（こま）かい 꼼꼼하다　計算（けいさん）계산　姿（すがた）모습　驚（おどろ）く 놀라다　いつでも 언제나
〜かというと 〜(인)가 하면　おごる 한턱내다　ただし 단　忘年会（ぼうねんかい）송년회　歓迎会（かんげいかい）환영회
送別会（そうべつかい）송별회　人数（にんずう）인원수　集（あつ）まり 모임　場合（ばあい）경우　〜わけではない 〜(하)는 것은 아니다

夏ばて

여러분은 여름을 타는 편인가요? 일본에서는 여름을 타는 것을 「夏ば
て」라고 합니다. 여름을 타면 입맛도 떨어져서 체력이 급속히 떨어지죠.
이럴 때 우리는 보양식으로 삼계탕(サムゲタン) 등을 먹고 기력을 보충
하는데요, 일본 사람들은 장어(うなぎ)를 먹는다고 합니다. 어쨌거나 여
름 지내기는 두 나라 모두 힘든가 봐요.

학 / 습 / 포 / 인 / 트

- **〜てくる** 〜(해)지다 〈과거에서 현재로의 변화〉
- **〜ほど〜ない** 〜만큼 〜(하)지 않다
- **〜ぎみ** 〜경향, 〜기미
- **〜たらどうですか** 〜(하)면 어때요 〈제안 · 권유〉

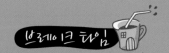

일본 사람에게 목욕이란?

일본 사람은 정말 목욕을 좋아합니다. 일본에서 목욕문화가 발달한 이유
로 습기 많은 날씨와 집안을 따뜻하게 하는 난방법의 부재를 들기도 하
지만, 일본 사람에게 목욕은 위생뿐만 아니라 정신 건강을 위한 중요한 수단이기도 합니다. 목욕에 대한 인식도 몸을 청결
히 한다는 개념보다는 따뜻한 물 속에서 하루 일과를 정리한다는 개념이 강합니다. 그래서 일본 욕실은 화장실과 분리되어
있는 것이 특징인데, 편안하고 쾌적한 욕실과 화장실이 공존하는 것에 거부감을 느끼기 때문입니다.

Q & A
- 松本さんは最近どうですか。
- サムゲタンはどんな食べ物ですか。

Dialogue

28. MP3

金 8月に入って本格的に暑くなってきましたね。

松本 ええ、がまんできないほどではありませんが、

冷たいものがほしくなりますね。

金 松本さんは暑さに強い方ですか。

松本 いや、暑さは苦手で実は最近夏ばてぎみなんですよ。

金 じゃあ、サムゲタンを食べてみたらどうですか。

松本 えっ、サムゲタンって何ですか。

金 鶏の煮込みスープの料理で、食べると元気が出ますよ。

松本 へえ、どこへ行ったら食べられますか。

金 じゃ、今日一緒に食べに行きましょう。

おいしい店、知っていますから。

어휘

サムゲタン 삼계탕　食(た)べ物(もの) 음식, 먹을 것　入(はい)る (어느 시기에) 접어들다　本格的(ほんかくてき)だ 본격적이다
がまん(我慢) 참음, 견딤　冷(つめ)たい 차다　ほしい 갖고 싶다, 원하다　暑(あつ)さ 더위　苦手(にがて)だ 질색이다　夏(なつ)ばて 여름을 탐
～って ～라는 것은　鶏(とり) 닭　煮込(にこ)み (여러 가지 재료를 넣고) 푹 끓임[익힘], 또는 그런 요리　スープ 수프, 국, 탕
元気(げんき)が出(で)る 기운이 나다

81

Sentence Pattern

1 ～てくる ～(해)지다 〈과거에서 현재로의 변화〉

....

- 暑くなってきたからクーラーをつけましょう。

- 最近、物価が高くなってきました。

- 壁紙が古くなってきたから、取り替えなければならない。

2 ～ほど～ない ～만큼 ～(하)지 않다

....

- 今日はきのうほど寒くない。

- 山田さんほど上手に泳げない。

- 数学は英語ほど得意ではありません。

어휘

クーラー 쿨러. 냉방장치 つける 켜다 壁紙(かべがみ) 벽지 古(ふる)い 오래되다. 낡다 取(と)り替(か)える 바꾸다. 갈다
～なければならない ～하지 않으면 안 된다. ～해야 한다 泳(およ)ぐ 수영하다. 헤엄치다 数学(すうがく) 수학
得意(とくい)だ 잘하다. 자신 있다

3 ～ぎみ ～경향, ～기미

- 彼は少し疲れぎみだ。
- 今年の紅葉は例年より遅れぎみだ。
- 風邪ぎみで朝から熱があります。
- 毎日暑くて寝不足ぎみです。

4 ～たらどうですか ～(하)면 어때요 〈제안 · 권유〉

- 今日は休んだらどうですか。
- 家で一緒にＤＶＤを見たらどうですか。
- それじゃ、医者に診てもらったらどうですか。
- インターネットで調べてみたらどうですか。

어휘

紅葉(こうよう) 단풍 例年(れいねん) 예년 ～より ～보다 遅(おく)れる 보통[예정]보다 늦다 風邪(かぜ) 감기
寝不足(ねぶそく) 잠이 모자람. 수면 부족 医者(いしゃ) 의사 診(み)る (환자를) 보다. 진찰하다 ～てもらう (남에게) ～(해) 받다
インターネット 인터넷 調(しら)べる 조사하다. 찾다

Challenge

1 보기와 같이 문장을 바꿔 보세요.

> 보기
> テストが難しくなる → テストが難しくなってきました。

① 髪の長い男性の数が増える   → _____

② 畳が古くなる   → _____

③ 朝夕涼しくなる   → _____

④ 子供を産まない夫婦が多くなる → _____

2 보기와 같이 문장을 완성해 보세요.

> 보기
> 今日も寒い / きのう → 今日も寒いが、きのうほどではない。

① 今週も忙しい / 先週

    → _____

② 金さんもやさしい / 李さん

    → _____

③ このパソコンも便利だ / そのパソコン

    → _____

④ ゴルフも得意だ / スカッシュ

    → _____

어휘

テスト 테스트, 시험 髪(かみ) 머리카락 数(かず) 수 畳(たたみ) 다다미 ＊볏짚을 속에 넣고 돗자리로 겉을 씌운, 일본식 방에 까는 두꺼운 깔개 朝夕(あさゆう) 아침저녁 産(う)む (아기를) 낳다 夫婦(ふうふ) 부부 やさしい 다정하다, 상냥하다 ゴルフ 골프
スカッシュ 스쿼시

84

3 보기와 같이 문장을 바꿔 보세요.

> 보기
> 彼はちょっと焦る → 彼はちょっと焦りぎみです。

① 父は体力が衰える → _____

② 娘は少し太る → _____

③ 妹は最近便秘だ → _____

④ 姉は貧血だ → _____

4 보기와 같이 문장을 바꿔 보세요.

> 보기
> あのワンピースを着てみる → あのワンピースを着てみたらどうですか。

① ご両親に相談する

→ _____

② 予約を確認する

→ _____

③ 健康診断を受ける

→ _____

④ メールをもう一度送る

→ _____

어휘

焦(あせ)る 안달하다, 초조해하다 体力(たいりょく) 체력 衰(おとろ)える (체력이) 쇠약해지다 太(ふと)る 살찌다 便秘(べんぴ) 변비
貧血(ひんけつ) 빈혈 ワンピース 원피스 相談(そうだん) 상담, 상의, 의논 予約(よやく) 예약 確認(かくにん) 확인
健康診断(けんこうしんだん)を受(う)ける 건강진단을 받다 メール 메일 もう一度(いちど) 한 번 더 送(おく)る 보내다

1   ～てくる ～해지다 〈과거에서 현재로의 변화〉

A: ①結婚しない女性が増えてきましたね。

B: ええ、本当に②多いですね。

1 ① 急に暖かくなる   ② 暖かい

2 ① タクシー代が高くなる   ② 高い

2   ～ほど～ない ～만큼 ～(하)지 않다

A: ①朴さんは②英語が上手ですね。

B: でも、③田中さんほどではありません。

1 ① 今年の新入生   ② 性格が活発だ   ③ 去年

2 ① 日本の冬   ② 寒い   ③ 韓国

3   ～ぎみ ～경향, ～기미

A: どうして①食べないんですか。

B: 実は最近ちょっと②太りぎみで。

1 ① 顔色が悪い   ② 疲れる

2 ① 元気がない   ② 風邪

4   ～たらどうですか ～(하)면 어때요 〈제안 · 권유〉

A: ①プレゼントは何がいいでしょうか。

B: うーん、②ネクタイをあげたらどうですか。

1 ① お土産   ② お菓子を買う

2 ① 引き出物   ② 食器セットにする

夏ばての直接的な原因は、（①　　　）調節がうまくできなくなり、自律神経調節の機能が低下することです。その原因として、室内と外の温度差の大きさがあると考えられます。自律神経調節の機能が低下すると、（②　　　）の働きが低下して食欲がなくなります。すると、体に十分な栄養が補給されなくなり、（③　　　）がたまったり体調不良を起こしたりします。また、夏は冷たい水分を多く取りますが、これも消化不良・食欲（④　　　）の原因となります。

1 内容をよく聞いて（　　　　）に入る言葉を書きましょう。

①　　　　　　　　②　　　　　　　　③　　　　　　　　④

2 夏ばての原因になるものは何ですか。

① 外の温度の高さ　　　　② 室内の温度の高さ

③ 室内の温度の低さ　　　④ 室内と外との温度差の大きさ

3 内容に合っているものはどれですか。

① 夏ばてすると、ご飯をたくさん食べたくなる。

② 体に十分な栄養を補給することができなくて、夏ばてすることが多い。

③ 夏ばてした時は、冷たい水分をたくさん取るとよい。

어휘

急(きゅう)に 갑자기　タクシー代(だい) 택시요금　活発(かっぱつ)だ 활발하다　顔色(かおいろ)が悪(わる)い 안색이 좋지 않다
引(ひ)き出物(でもの) 답례품. (피로연 등에서) 손님에게 주는 선물　食器(しょっき)セット 식기 세트　調節(ちょうせつ) 조절
自律(じりつ) 자율　神経(しんけい) 신경　機能(きのう) 기능　低下(ていか) 저하　働(はたら)き 기능　食欲(しょくよく) 식욕
すると 그래서, 그러면　栄養(えいよう) 영양　補給(ほきゅう) 보급　たまる 쌓이다　体調(たいちょう) 몸의 상태, 컨디션
不良(ふりょう) 불량　起(お)こす 일으키다　取(と)る 섭취하다　消化(しょうか) 소화

87

アニメ

일본 만화(マンガ)와 애니메이션(アニメ)은 세계적으로도 유명하죠. 일본 만화나 애니메이션에 매료되어 일본어를 배우기 시작하거나 일본으로 유학 가는 사람도 꽤 봤어요. 정말 무슨 일이든 본인이 좋아하는 것을 열심히 하다 보면 언젠가는 전문가가 될 수 있다는 생각이 들어요. 요즘은 케이블 TV 등에서 일본의 인기 드라마나 영화를 많이 방영하죠. 이제 생생한 일본어를 익힐 수 있게 되었으니, 적극 활용해 보세요.

학 / 습 / 포 / 인 / 트

- **何〜も** 몇 〜(이)나
- **〜ながら** 〜(하)면서
- **〜しか** 〜밖에 〈부정 표현 수반〉
- **〜かもしれない** 〜할[일]지도 모른다

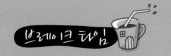

일본에는 이런 검정시험도 있어요!

일본에는 다양한 마니아층이 있습니다. 그래서인지 각종 검정시험(検定試験 : 자격이 주어지는 자격시험과는 달리 그 능력만 인정받음)이 있는데요, 인기(?) 있는 시험으로는 교토검정(京都検定)이나 요코하마검정(横浜検定) 등 지역에 관한 지식을 묻는 것이 많습니다. 합격한다고 누가 알아주는 것도 아닌데, 응시생들은 검정시험 대책코스를 수강하거나 참고서로 문제를 푸는 등 아주 열심히라고 하네요. 이외에 주요 검정시험으로는 시각표검정(時刻表検定 : 전철의 시간표나 요금 계산 등이 출제됨), 가사검정(家事検定 : 가사 전반에 관한 문제가 출제됨), 전국통일 오타쿠검정(全国統一オタク検定 : 오타쿠 관련 지식을 묻는 시험으로, 합격률이 매우 낮아서 합격하면 오타쿠 사이에서 존경을 받음) 등이 있습니다.

Q&A
・ 李さんはどうやって日本語を勉強しましたか。
・ 松本さんは韓国映画を見たことがありますか。

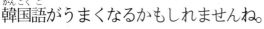
Dialogue

31. MP3

松本　李さんの日本語ってとても自然できれいですね。

　　　　どうやって勉強したんですか。

李　　日本のアニメやドラマが好きで何回も見て覚えたんですよ。

松本　ああ、アニメやドラマを見ながら、勉強したんですね。

李　　ええ、字幕なしで見たいと思って。

松本　私は映画が好きですが、韓国映画は「オールドボーイ」しか

　　　　見たことがありません。

李　　あ、そうですか。最近の韓国ドラマはおもしろいものが多いですよ。

松本　そうですか。私も韓国のドラマを見たら、

　　　　韓国語がうまくなるかもしれませんね。

어휘

やる 하다　～たことがある ～한 적이 있다　自然(しぜん)だ 자연스럽다　アニメ 애니메이션 ＊「アニメーション」의 준말　ドラマ 드라마
～回(かい) ～회, ～번　覚(おぼ)える 암기하다, 외우다　字幕(じまく) 자막　な(無)し 없음　オールドボーイ 올드보이
うまい 잘하다

1 何〜も 몇 〜(이)나

- アメリカへは仕事で何度も行きました。
- 彼女とはもう何年も会っていません。
- 風邪薬を何日も飲んでいるのに治らない。
- 彼にだまされた人が何人もいるそうですね。

2 〜ながら 〜(하)면서

- MP3を聞きながら通勤しています。
- DVDを見ながらビールを飲むのが好きです。
- 食べ物を食べながら歩くのはよくありません。
- 日本へ行ってバイトしながら、勉強するつもりです。

어휘

風邪薬(かぜぐすり) 감기약 飲(の)む (약을) 먹다, 복용하다 〜のに 〜인데(도 불구하고) 治(なお)る (병이) 낫다, 치료되다 だます 속이다
通勤(つうきん) 통근, 출퇴근 ビール 맥주 歩(ある)く 걷다 〜つもりだ 〜(할) 생각이다. 〜(할) 작정이다

90

3 〜しか   〜밖에 〈부정 표현 수반〉

・ それなら先生に話すしかないですね。

・ 3時間しか寝ていないので、とても眠い。

・ うちの子は好きなものしか食べないので心配だ。

・ その店には安物しかないらしい。

4 〜かもしれない   〜할[일]지도 모른다

・ あしたは雨が降るかもしれない。

・ この靴は父には少し大きいかもしれない。

・ あちらの部屋の方が静かかもしれません。

・ 図書館はあさって休みかもしれませんね。

어휘

話(はな)す 말하다, 이야기하다 寝(ね)る 자다 眠(ねむ)い 졸리다 うち 우리 心配(しんぱい)だ 걱정스럽다 安物(やすもの) 싸구려

Challenge

1 보기 중에서 ( ) 안에 알맞은 말을 찾아 넣으세요.

何度も　　何冊も　　何年も　　何個も　　何日も　　何人も

① （　　　　）雨の日が続いている。

② 富士山には（　　　　）登ったことがあります。

③ 新刊の文庫本を（　　　　）買った。

④ 一人でショートケーキを（　　　　）食べました。

2 보기와 같이 문장을 완성해 보세요.

音楽を聞く / 掃除をする
→ 音楽を聞きながら掃除をしている。

① バイトをする / 日本語を勉強する

→ _____

② シャワーを浴びる / 鼻歌を歌う

→ _____

③ ビールを飲む / ポテトチップを食べる

→ _____

④ 手帳を見る / 電話をする

→ _____

어휘

~冊(さつ) ~권　~個(こ) ~개　続(つづ)く 계속되다　登(のぼ)る 오르다, 올라가다　新刊(しんかん) 신간　文庫本(ぶんこぼん) 문고본
一人(ひとり)で 혼자서　ショートケーキ 쇼트케이크　シャワーを浴(あ)びる 샤워를 하다　鼻歌(はなうた) 콧노래　ポテトチップ 포테이토칩
手帳(てちょう) 수첩

3 보기와 같이 문장을 바꿔 보세요.

> **보기**
>
> キャッシュカードを持っている ➡ キャッシュカードしか持っていません。

① 彼のケータイ番号を知っている ➡ _____

② アメリカには一回行ったことがある ➡ _____

③ 机の上には新聞がある ➡ _____

④ 日本のドラマを見る ➡ _____

4 (　　　　) 안의 문장을 「～かもしれない」 문형을 이용해 바꿔 보세요.

① 今年のクリスマスには(雪が降ります)

➡ _____

② 早めに家を(出たほうがいいです)

➡ _____

③ 山田さんは(優しい人です)

➡ _____

④ もう(だめです)

➡ _____

어휘

キャッシュカード 캐시 카드, 현금 인출 카드　持(も)つ 소유하다, 가지다　番号(ばんごう) 번호　早(はや)めに 일찌감치　だめだ 소용 없다

93

1 何～も 몇 ～(이)나

A: ①一人で旅行したことがありますか。

B: はい、②何度もしたことがあります。

1 ① 納豆を食べる   ② 何回も食べる

2 ① ペットを飼う   ② 何匹も飼う

2 ～ながら ～(하)면서

A: ①ワインを飲みながら②話すのが好きです。

B: あ、そうですか。

1 ① メールをチェックする   ② コーヒーを飲む

2 ① ピアノを弾く   ② 歌を歌う

3 ～しか ～밖에 〈부정 표현 수반〉

A: ①ネクタイは②何本持っていますか。

B: ③一本しか持っていません。

1 ① クレジットカード   ② 何枚   ③ 一枚

2 ① 日本語の辞書   ② 何冊   ③ 一冊

4 ～かもしれない ～할[일]지도 모른다

A: この①財布、②誰のですか。

B: そうですね。③山田さんのかもしれません。

1 ① 小説   ② おもしろい   ③ 退屈な話

2 ① コンピューター   ② 新製品   ③ 中古

アニメは1892年、フランスで生まれました。その後、アメリカやフランスなどで短いアニメがたくさん作られ、1928年にはウォルト・ディズニー・カンパニーのアニメ映画が(① 　　)しました。日本(② 　　)のテレビのアニメ番組は1963年に始まった『鉄腕アトム』でした。日本のアニメはかなり前から韓国に入ってきていました。しかし、『キャンディキャンディ』『銀河鉄道999』などのテレビアニメは、日本で(③ 　　)されたものだということを知らない(④ 　　)も多かったといいます。

1 内容をよく聞いて(　　　　)に入る言葉を書きましょう。

① 　　　　　② 　　　　　③ 　　　　　④

2 日本のテレビでアニメ番組が始まったのはいつですか。

① 1928年　　② 1936年　　③ 1963年　　④ 1973年

3 内容に合っているものはどれですか。

① アニメはアメリカで生まれた。

② 日本で初めて放送されたアニメは『キャンディキャンディ』だ。

③ 『銀河鉄道999』は日本で作られた。

어휘

納豆(なっとう) 낫토 *삶은 메주콩을 볏짚 꾸러미 등에 넣고 띄운 식품　ペット 펫. 애완동물　〜匹(ひき) 〜마리 *앞에 「何(なん)」이 오면 「びき」로 발음이 변함　メール 메일　チェック 체크 확인　ピアノを弾(ひ)く 피아노를 치다　〜本(ほん) 가늘고 긴 것을 세는 말 *앞에 「何(なん)」이 오면 「ぼん」, 「一(いっ)」이 오면 「ぽん」으로 발음이 변함　退屈(たいくつ)だ 지루하다　中古(ちゅうこ) 중고　フランス 프랑스 番組(ばんぐみ) (방송・연예 등의) 프로그램　鉄腕(てつわん)アトム 우주소년 아톰　銀河鉄道(ぎんがてつどう)999(スリーナイン) 은하철도 999

12 運転

일본에서 버스나 택시를 타면 '어, 이상하네?' 라고 느껴지는 게 있어요. 그건 바로 운전석이 오른쪽에 있다는 점과 도로 주행 방향이 좌측통행으로 우리와 반대라는 점이죠. 일본이 좌측통행을 하게 된 것은 도로시스템을 구축할 때 영국에서 시스템을 도입했기 때문이라고 하네요. 만약 일본에 가서 운전할 일이 생긴다면 조심하세요. 자칫 우측통행을 했다가는 큰일 나겠죠.

학 / 습 / 포 / 인 / 트

- **～やすい** ～(하)기 쉽다[편하다]
- **～にくい** ～(하)기 어렵다[불편하다]
- **～ようにする** ～(하)도록 하다
- **～ようになる** ～(하)게(끔) 되다 〈변화〉

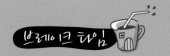

자동차 번호판으로 우리 고장 알리기!

일본의 자동차 번호판(ナンバープレート: 넘버플레이트)에는 살고 있는 지역의 육운국(陸運局: 자동차 등록소)이 있는 곳의 지명이 들어갑니다. 이왕 지명이 들어간다면 자신이 사는 곳의 지명을 넣고 싶지만, 몇 년 전까지만 해도 자유롭게 만들 수 없었지요. 그러다가 2006년 이후 일정한 조건을 갖추면 새로운 번호를 만들 수 있게 되어, 공항 소재지인 나리타(成田) 번호나 후지산(富士山) 번호도 등장했습니다. 고장의 번호는 그 지역에 사는 사람의 자부심입니다. 그러나 도쿄(東京)라는 번호는 존재하지 않습니다. 도쿄도내에는 시나가와(品川) 등 3개의 구명(区名)과 하치오지(八王子) 등 2개의 시명(市名)이 있을 뿐입니다.

Q&A
・ 李さんはどうして運転がうまいですか。
・ 日本で運転する時と韓国で運転する時の違いは何ですか。

Dialogue

34. MP3

松本　李さんは運転がうまいですね。

李　　免許を取って10年になるし、毎日運転していますからね。

松本　李さんの車、いいですね。運転しやすいですか。

李　　ええ、ナビゲーションも付いているので道にも迷わないし。

松本　私も免許はありますが、韓国は運転しにくいです。

　　　ハンドルも逆だし、右側通行だし。

李　　そうですか。慣れるまでもう少し時間がかかるでしょうね。

　　　とにかく、事故を起こさないようにしてくださいね。

松本　はい。私も韓国でうまく

　　　運転できるようになりたいですね。

어휘

運転(うんてん) 운전　うまい 잘하다　違(ちが)い 틀림, 차이　免許(めんきょ)を取(と)る 면허를 따다　～し ～고　ナビゲーション 내비게이션
付(つ)く 갖추어지다, 딸리다　道(みち)に迷(まよ)う 길을 잃다[헤매다]　右側通行(みぎがわつうこう) 우측통행　慣(な)れる 익숙해지다
とにかく 어쨌든, 하여튼　事故(じこ) 사고　起(お)こす (나쁜 상태를) 일으키다

97

1 ～やすい ～(하)기 쉽다[편하다]

- この靴は軽いので歩きやすいです。
- 彼の字はきれいで読みやすい。
- この料理は辛くないので食べやすいです。
- 雨が降った後の道は滑りやすいです。

2 ～にくい ～(하)기 어렵다[불편하다]

- 彼は言いにくいことをはっきり言うタイプだ。
- この漢方薬は苦くて飲みにくいですね。
- 新しい靴は歩きにくい。
- この番号は覚えにくいですね。

어휘

字(じ) 글자　後(あと) (시간적으로) 뒤, 후　滑(すべ)る 미끄러지다　はっきり 분명히　タイプ 타입　漢方薬(かんぽうやく) 한약
覚(おぼ)える 암기하다, 외우다

3 ～ようにする ～(하)도록 하다

- 健康_{けんこう}のために野菜_{やさい}をたくさん食_たべるようにしています。

- 誰_{だれ}でも簡単_{かんたん}に操作_{そうさ}できるようにしました。

- あしたの会議_{かいぎ}には遅_{おく}れないようにしてください。

4 ～ようになる ～(하)게(끔) 되다 〈변화〉

- 大学生_{だいがくせい}になってから社会問題_{しゃかいもんだい}に関心_{かんしん}を持_もつようになった。

- 庭_{にわ}に木_きを植_うえたら、鳥_{とり}が来_くるようになった。

- 毎日_{まいにち}ストレッチングをしたら朝早_{あさはや}く目_めが覚_さめるようになった。

어휘

健康(けんこう) 건강 ～ために ～위해서 操作(そうさ) 조작 遅(おく)れる 늦다, 지각하다 社会(しゃかい) 사회
関心(かんしん)を持(も)つ 관심을 가지다 庭(にわ) 마당, 뜰 木(き) 나무 植(う)える 심다 ～たら ～(했)더니 鳥(とり) 새
ストレッチング 스트레칭 目(め)が覚(さ)める 잠이 깨다

Challenge

1 보기와 같이 문장을 완성해 보세요.

> 보기
> この電子辞書（でんしじしょ） / 使う（つか） ➡ この電子辞書（でんしじしょ）は使（つか）いやすい。

① その歌（うた） / 覚（おぼ）える ➡ _____

② この薬（くすり） / 飲（の）む ➡ _____

③ 山田先生（やまだせんせい）の説明（せつめい） / わかる ➡ _____

④ オムライス / 作（つく）る ➡ _____

2 보기와 같이 주어진 말을 「～にくい」 문형을 이용해 바꿔 보세요.

> 보기
> このパンは硬（かた）くて（　　　　　）です（食（た）べる）
> ➡ このパンは硬（かた）くて（食（た）べにくい）です。

① このボールペンは太（ふと）くて（　　　　　）です（書（か）く）

➡ _____

② （　　　　　）文章（ぶんしょう）の本（ほん）はあまり人気（にんき）がない（読（よ）む）

➡ _____

③ このコピー機（き）は操作（そうさ）が複雑（ふくざつ）で（　　　　　）（使（つか）う）

➡ _____

④ （　　　　　）ところがあったら、気軽（きがる）に質問（しつもん）してください（わかる）

➡ _____

어휘

説明（せつめい）설명　オムライス 오므라이스　パン 빵　硬（かた）い 딱딱하다　太（ふと）い 굵다　文章（ぶんしょう）문장
コピー機（き）복사기　操作（そうさ）조작　複雑（ふくざつ）だ 복잡하다　気軽（きがる）だ (마음이) 부담스럽지 않다. 부담 없다
質問（しつもん）질문

3 보기와 같이 문장을 바꿔 보세요.

> 보기
> なるべく毎日運動します ➡ なるべく毎日運動するようにしています。

① できるだけ時間を守ります ➡ _____

② 朝ご飯はきちんと食べます ➡ _____

③ 電車の中では電話しません ➡ _____

④ 一日30分ぐらいは歩きます ➡ _____

4 보기와 같이 문장을 바꿔 보세요.

> 보기
> 会社に入ってからお酒をよく飲みます
> ➡ 会社に入ってからお酒をよく飲むようになりました。

① 日本のドラマに興味を持ちます ➡ _____

② 日本の新聞が読めます ➡ _____

③ 日本に来てから納豆をよく食べます ➡ _____

④ 子供ができて朝早く起きます ➡ _____

어휘

なるべく 되도록, 가능한 한 (=できるだけ) 守(まも)る 지키다 きちんと 규칙 바른 모양 一日(いちにち) 하루
入(はい)る (조직·단체 등에) 들어가다 興味(きょうみ) 흥미 できる 생기다

101

1 　～やすい ～(하)기 쉽다[편하다]

A: ①ホテルの名前は②ソウルです。

B: ②ソウルですか。③覚えやすいですね。

1 ① 私の会社　　② 市庁の前　　③ わかる

2 ① 薬のタイプ　② シロップ　　③ 飲む

2 　～にくい ～(하)기 어렵다[불편하다]

A: ①この道は②狭くて、③通りにくいです。

B: ④気を付けてください。

1 ① 日本語　　　② 漢字が多い　　③ 勉強する　　④ がんばる

2 ① このするめ　② 硬い　　　　③ 食べる　　　④ よく噛む

3 　～ようにする ～(하)도록 하다

A: 電車の中では①大きい声で②話さないようにしましょう。

B: はい、わかりました。

1 ① ケータイを　　② 使う

2 ① 足を　　　　　② 広げる

4 　～ようになる ～(하)게(끔) 되다〈변화〉

A: 最近は①メールで②連絡を取るようになりました。

B: じゃ、③手紙はなくなるかもしれませんね。

1 ① インターネット　② 世界のニュースが見られる　　③ 衛星放送

2 ① 電動歯ブラシ　　② 歯をみがく　　　　　　　　③ 歯ブラシ

日本と韓国では交通ルールが相当違います。タクシーの(①　　　　)にも違いがあります。日本では普通運転手の横には座らず、(②　　　)座席に座ります。また、自動ドアなので(③　　　)が(④　　　　)する必要はありません。統計局の発表によると人口1,000人当たりの自動車保有数は日本が586台、韓国が319台で、人口10万人当たりの交通事故件数は日本が745.3件、韓国が441.6件でした。つまり、日本の方がずっと交通事故が多いということになります。

1 内容をよく聞いて(　　　　)に入る言葉を書きましょう。

①　　　　　　　②　　　　　　　③　　　　　　　④

2 日本でタクシーに乗る時、客はどこに乗りますか。

① 運転席　　　　　　　② 助手席

③ 後ろの座席　　　　　④ 運転席と助手席の間

3 内容に合っているものはどれですか。

① 日本と韓国のタクシーは自動ドアだ。

② 韓国の人口1,000人当たりの自動車保有数は日本ほど多くない。

③ 韓国の交通事故件数は日本より多い。

어휘

市庁(しちょう) 시청　タイプ 타입　通(とお)る 지나가다, 통과하다　シロップ 시럽　気(き)を付(つ)ける 조심하다, 주의하다

がんば(頑張)る 분발하다, 열심히 하다　するめ 말린 오징어　噛(か)む 씹다　足(あし) 다리　広(ひろ)げる 벌리다

連絡(れんらく)を取(と)る 연락을 취하다　衛星放送(えいせいほうそう) 위성방송　電動歯(でんどうは)ブラシ 전동칫솔

交通(こうつう)ルール 교통 법규　相当(そうとう) 상당히　座(すわ)る 앉다　～ず ～(하)지 않고　ドア 도어, 문　統計局(とうけいきょく) 통계국

～によると ～에 따르면　～当(あ)たり ～당　保有(ほゆう) 보유　ずっと 훨씬　助手席(じょしゅせき) 조수석

13 プチ整形

보통 누구나 '더 예뻤으면…', '더 잘 생겼으면…' 하는 바람이 있죠. 그래서 성형수술 받자니 비용도 만만치 않고 겁도 나고…. 이런 연유에서 생겨난 것이 바로 「プチ整形(せいけい)」(쁘띠성형)인데요, 칼을 대지 않고 주사나 레이저 등으로 주름이나 기미 등을 없애는 간단한 시술을 뜻합니다. 이 말은 2000년에 일본 매스컴에서 생겨난 말로, 시술 시간이 짧고 비용도 저렴한 것이 특징이에요. 또한 일정 기간이 지나면 본래의 상태로 돌아오기 때문에 불안해할 필요도 없다는군요.

학 / 습 / 포 / 인 / 트

- **～みたいだ** ～인[하는] 것 같다
- **どうも** 아무래도, 도무지 〈부정 표현 수반〉
- **割(わり)と** 비교적
- **～のこと** ～에 관련된 일[사항, 얘기]

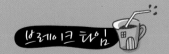

혼자 먹는 게 좋아요!

혼자 먹기를 즐기는 일본 사람도 불고기나 곱창 등은 여러 명이 함께 시끌벅적 즐기면서 먹습니다. 그런데 스트레스에 시달리는 2, 30대의 독신여성들 사이에서 '지친 날에는 맥주 한 잔과 피부에 좋은 호르몬(ホルモン: 돼지나 소의 내장)을 먹는다'는 호르몬느(ホルモンヌ: 호르몬을 혼자 먹으러 가는 여성)의 스트레스 해소법이 유행하고 있습니다. 요즘 일본 여성에게는 혼자 영화 보기, 혼자 레스토랑 가기, 혼자 카페 가기 등 혼자 행동하는 것이 일반적이 되어, 오히려 이것이 '어른스러운 여성'이라는 이미지로 정착한 것이죠. 그래서 혼자 불고기 먹기나 혼자 호르몬 먹기도 예전에 비해 거부감이 없는 것 같습니다.

Q&A

- 伊東さんにどんな変化がありましたか。
- プチ整形って何ですか。

Dialogue

37. MP3

李 　伊東さん、久しぶりですね。

　　あら、何かちょっと雰囲気が変わったみたいですね。

伊東 　実は、二重にしたんです。

李 　あ、そうなんですか。とても自然ですね。

伊東 　本当ですか。よかった。

　　ずっと前から二重にしたいと思っていたんだけど、どうも勇気がなくて。

李 　私も目元のしわ、気になるんですよ。

伊東 　じゃ、プチ整形すればいいですね。

李 　えっ、プチ整形って何ですか。

伊東 　日本では割と簡単な美容整形のことを

　　プチ整形って言うんですよ。

어휘

変化(へんか) 변화　久(ひさ)しぶりだ 오랜만이다　あら 어머, 어머나 ＊주로 여성이 쓰는 말임　何(なん)か 무언가, 무엇인가
雰囲気(ふんいき) 분위기　変(か)わる 변하다, 바뀌다　二重(ふたえ) 쌍꺼풀 ＊「二重(ふたえ)まぶた」의 준말　自然(しぜん)だ 자연스럽다
勇気(ゆうき) 용기　目元(めもと) 눈밑　しわ 주름　気(き)になる 마음에 걸리다, 신경 쓰이다　美容整形(びようせいけい) 미용성형

105

Sentence Pattern

1　～みたいだ　～인[하는] 것 같다

- 佐藤さんは試験に失敗したみたいです。

- 着てみましたが、このセーターはちょっと大きいみたいです。

- 彼は吉田さんのことが好きみたいです。

- まるで子供みたいですね。

※ 朴さんは最近、人が変わったみたいによく働いている。

※ マッチ箱みたいな家ですね。

2　どうも　아무래도, 도무지 〈부정 표현 수반〉

- どうも体の調子がよくない。

- 納豆はどうも好きになれない。

- あの人の考えていることはどうもよくわからない。

- がんばっていますが、どうもうまくいきません。

어휘

試験(しけん) 시험　失敗(しっぱい) 실패　まるで 마치　マッチ箱(ばこ) 성냥갑　調子(ちょうし) 상태, 컨디션　うまくいく 잘 되다

3 割と 비교적

- 割と楽に試験に合格した。
- 運動嫌いな彼女が割と長くヨガ教室に通っている。
- うつ病は薬で割と簡単に治ります。
- 日本語は割といい点数だった。

4 〜のこと 〜에 관련된 일[사항, 얘기]

- 私のこと、好きですか。
- レポートのことで相談したいことがあるんですが。
- 金曜日の会議のこと、部長に話しましたか。
- 旅行する時は仕事のことは忘れましょう。

어휘

楽(らく)に 쉽게　合格(ごうかく) 합격　명사+嫌(ぎら)い 〜을 싫어함, 또는 그런 사람　ヨガ 요가　教室(きょうしつ) (기술 등을 가르치는) 교실
〜に通(かよ)う (정기적으로) 〜에 다니다　うつ病(びょう) 우울증　薬(くすり) 약　治(なお)る (병이) 낫다, 치료되다　点数(てんすう) 점수
レポート 리포트, 보고서　相談(そうだん) 상담, 상의, 의논

Challenge

1 보기와 같이 문장을 바꿔 보세요.

> 보기
>
> このお寺は古いです ➡ このお寺は古いみたいです。

① お金がなくて困っています ➡ _____

② フランスから木村さんが帰って来ました ➡ _____

③ あのコピー機は使い方が不便です ➡ _____

④ この頃、暑くてまるで夏です ➡ _____

2 (　　　) 안의 문장을 문맥에 맞게 바꿔 보세요.

① 一人で解決しようとしましたが、どうも(うまくいく)

➡ _____

② 友だちの引っ越しを手伝うつもりだったけど、どうも(時間がある)

➡ _____

③ アナウンサーになりたいと思っているんですが、どうも(発音がはっきりできる)

➡ _____

④ 転職したいんですが、どうも(いい会社が見つかる)

➡ _____

어휘

寺(てら) 절　古(ふる)い 오래되다　困(こま)る 궁하다　コピー機(き) 복사기　一人(ひとり)で 혼자서　解決(かいけつ) 해결
引(ひ)っ越(こ)し 이사　手伝(てつだ)う 도와주다, 돕다　～つもりだ ～(할) 생각이다, ～(할) 작정이다　アナウンサー 아나운서
発音(はつおん) 발음　はっきり 분명히, 똑똑히　転職(てんしょく) 전직, 이직　見(み)つかる 찾게 되다, 발견되다

108

3 보기와 같이 문장을 완성해 보세요.

> **보기**
> その店の冷麺です / おいしかったです
> → その店の冷麺は割とおいしかったです。

① 田中さんです / 信用があります

→ _____

② 彼のアパートです / 広かったです

→ _____

③ あのレストランです / お客が多いです

→ _____

④ きのうの試験です / 簡単でした

→ _____

4 보기와 같이 문장을 완성해 보세요.

> **보기**
> 留学です / 相談したいんですが → 留学のことで相談したいんですが。

① レポートです / お願いしたいんですが → _____

② 今度の発表会です / 聞きたいんですが → _____

③ あしたの飲み会です / 言っておきたいんですが → _____

④ 面接です / 伝えたいんですが → _____

어휘

冷麺(れいめん) 냉면　信用(しんよう) 신용　アパート 아파트　*목조건물로 된 5층 이하의 공동주택　客(きゃく) 손님
簡単(かんたん)だ 간단하다　発表会(はっぴょうかい) 발표회　聞(き)く 묻다　面接(めんせつ) 면접　伝(つた)える 전하다, 알리다

1 〜みたいだ ~인[하는] 것 같다

A: ①<ruby>赤<rt>あか</rt></ruby>ちゃんが<ruby>泣<rt>な</rt></ruby>いていますね。

B: ええ、②お<ruby>腹<rt>なか</rt></ruby>がすいているみたいですね。

1 ① <ruby>田中<rt>た なか</rt></ruby>さん、<ruby>今日<rt>きょう</rt></ruby><ruby>顔色<rt>かおいろ</rt></ruby>が<ruby>悪<rt>わる</rt></ruby>いです　② <ruby>体<rt>からだ</rt></ruby>の<ruby>調子<rt>ちょう し</rt></ruby>がよくないです

2 ① <ruby>玄関<rt>げんかん</rt></ruby>で<ruby>音<rt>おと</rt></ruby>がしました　② <ruby>誰<rt>だれ</rt></ruby>か<ruby>来<rt>き</rt></ruby>ました

2 どうも 아무래도, 도무지 〈부정 표현 수반〉

A: ①<u>がんばっているんですが、どうも②うまくいかない</u>んです。

B: <ruby>元気<rt>げん き</rt></ruby><ruby>出<rt>だ</rt></ruby>してください。

1 ① <ruby>一生懸命勉強<rt>いっしょうけんめい べんきょう</rt></ruby>する　② <ruby>成績<rt>せいせき</rt></ruby>が<ruby>上<rt>あ</rt></ruby>がる

2 ① <ruby>仕事<rt>し ごと</rt></ruby>を<ruby>探<rt>さが</rt></ruby>す　② <ruby>見<rt>み</rt></ruby>つかる

3 <ruby>割<rt>わり</rt></ruby>と 비교적

A: ①<u>この<ruby>写真<rt>しゃしん</rt></ruby></u>、<ruby>割<rt>わり</rt></ruby>と②<u>きれいに</u>③<u>できました</u>。

B: よかったですね。

1 ① ゆうべ　② ぐっすり　③ <ruby>眠<rt>ねむ</rt></ruby>れる

2 ① <ruby>今度<rt>こん ど</rt></ruby>のテスト　② <ruby>楽<rt>らく</rt></ruby>に　③ できる

4 〜のこと ~에 관련된 일[사항, 얘기]

A: ①<ruby>来週<rt>らいしゅう</rt></ruby>のパーティーのこと、②<ruby>佐藤<rt>さ とう</rt></ruby>さんに<ruby>言<rt>い</rt></ruby>いましたか。

B: いいえ、まだ③<ruby>言<rt>い</rt></ruby>っていません。

1 ① <ruby>結婚<rt>けっこん</rt></ruby>　② ご<ruby>両親<rt>りょうしん</rt></ruby>に<ruby>話<rt>はな</rt></ruby>す　③ <ruby>話<rt>はな</rt></ruby>す

2 ① <ruby>送別会<rt>そう べつ かい</rt></ruby>　② <ruby>部長<rt>ぶ ちょう</rt></ruby>に<ruby>伝<rt>つた</rt></ruby>える　③ <ruby>伝<rt>つた</rt></ruby>える

39. MP3

昔に比べて、男性の美への(① 　　　)もかなり変わってきました。以前はエステと言えば女性だけのものと思われていましたが、最近は「カッコよくなりたい」、「キレイになりたい」といった(② 　　　)からエステに通う男性も増えてきました。コースもスキンケア・脱毛・痩身と(③ 　　　)です。また、世界最大の男性用化粧品ブランドを持つ日本では、男性化粧品の売上げも(④ 　　　)で、今後もマーケットの拡大が期待されます。

1 内容をよく聞いて(　　　)に入る言葉を書きましょう。

① 　　　　　　② 　　　　　　③ 　　　　　　④

2 男性エステにないものは何ですか。

① プチ整形　　　② スキンケア　　　③ 脱毛　　　④ 痩身

3 内容に合っているものはどれですか。

① 昔も今もエステは女性だけのものだ。

② エステに通う男性が増えてきている。

③ 男性化粧品の売上げは、女性化粧品の売上げを上回っている。

어휘

赤(あか)ちゃん 아기　泣(な)く 울다　顔色(かおいろ)が悪(わる)い 안색이 좋지 않다　玄関(げんかん) 현관　音(おと)がする 소리가 나다
元気(げんき)(を)出(だ)す 힘을 내다　一生懸命(いっしょうけんめい) 열심히　成績(せいせき) 성적　上(あ)がる 오르다, (어떤 상태가) 좋아지다
仕事(しごと) 직장, 일자리　探(さが)す 찾다　ゆうべ 어젯밤　ぐっすり 푹 ＊잠이 깊이 든 모양　比(くら)べる 비교하다　美(び) 미
かなり 꽤, 제법　エステ 에스테틱, 전신 미용　カッコいい 멋지다, 근사하다　～といった ～라고 하는　コース 코스　スキンケア 스킨케어
脱毛(だつもう) 탈모　痩身(そうしん) 수신, 마른 몸　売上(うりあ)げ 매상　今後(こんご) 앞으로, 이후　マーケット 마켓, 시장

111

14 オンラインゲーム

요즘 학교나 직장에서 졸고 있는 사람이 종종 있죠. 「ネットカフェ」(PC방)나 집에서 「オンラインゲーム」(온라인게임)를 하느라 잠을 못 자서 그런 경우가 많다고 해요. 우리나라나 일본이나 온라인게임에 빠져서 사는 사람들이 정말 많은 것 같아요. 게임하느라 식사도 제대로 안 하고 컵라면으로 때우는 경우도 많죠. 그래서 몸도 안 좋아지고 컴퓨터 화면만 보니 눈도 나빠지고…. 게임을 하는 건 좋지만, 건강이나 일에 지장 없게 해야겠죠.

학 / 습 / 포 / 인 / 트

- **〜せい** 〜탓, 〜때문
- **〜すぎる** 너무 〜하다
- **〜たものだ** 〜(하)곤 했다
- **〜ばかり** 〜만, 〜뿐

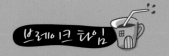

아파트보다는 게스트하우스!

'혼자 사는 것은 외롭다. 하지만 좁은 아파트(アパート: 목조건물로 된 5층 이하의 공동주택)를 누군가와 함께 쓰는 건 싫다.' 이런 사람들의 요구에 맞춰 '게스트하우스(ゲストハウス)'라고 하는 신개념 공동주택이 늘고 있습니다. 원래 게스트하우스는 여행객이나 장기체류자를 위한 곳이었는데, 공동생활을 하는 주택으로 변모하면서 이것이 일본 사람에게도 인기를 끌게 되었습니다. 각 방은 개별실로 되어 있고, 방에는 침대와 책상, 냉장고 등이 갖추어져 있습니다. 샤워실 또는 화장실과 부엌은 공용이고, 입주민들이 교류할 수 있는 공용 공간이 있는 것이 특징으로 당구대 등이 구비된 곳도 있습니다. 집세는 광열비를 포함해 한 달에 6만 5천 엔 정도로 사례금이나 보증금은 없습니다.

Q & A ・ 金<ruby>キム</ruby>さんはどうして目<ruby>め</ruby>が赤<ruby>あか</ruby>いですか。

・ 松本<ruby>まつもと</ruby>さんはオンラインゲームをしたことがありますか。

Dialogue

40. MP3

松本<ruby>まつもと</ruby>　あれ、金<ruby>キム</ruby>さんどうしたんですか。目<ruby>め</ruby>が赤<ruby>あか</ruby>いですね。

金<ruby>キム</ruby>　　ええ、実<ruby>じつ</ruby>はゲームのせいなんですよ。

松本　　なんだ。レポートでも書<ruby>か</ruby>いていたのかと思<ruby>おも</ruby>ったら、

　　　　ゲームをやりすぎたんですね。

金　　　ええ、おもしろいのでついはまっちゃって。

　　　　気<ruby>き</ruby>が付<ruby>つ</ruby>いたら朝<ruby>あさ</ruby>6時<ruby>じ</ruby>だったんですよ。

松本　　私<ruby>わたし</ruby>も中学生<ruby>ちゅうがくせい</ruby>のころは夜遅<ruby>よるおそ</ruby>くまでやってよく母<ruby>はは</ruby>にしかられたものですよ。

金　　　へえ、そうだったんですか。

松本　　でもゲームばかりしていると体<ruby>からだ</ruby>を壊<ruby>こわ</ruby>してしまいますよ。

金　　　そうですね。

　　　　気<ruby>き</ruby>を付<ruby>つ</ruby>けます。

어휘

赤(あか)い 빨갛다　オンラインゲーム 온라인게임　なんだ 원. 저런 ＊뜻밖의 사태에 놀라거나 허탈함을 나타내는 말　レポート 리포트, 보고서
やる 하다　つい 그만　はまる 빠지다. 나쁜 일에 열중하다　気(き)が付(つ)く 정신이 들다　しか(叱)る 꾸짖다, 나무라다
体(からだ)を壊(こわ)す 건강을 해치다

1 ～せい ～탓, ～때문

- 田中君が遅刻したせいで、出発が遅れてしまった。
- 道が複雑なせいで、道に迷ってしまった。
- 疲れているのは連日の残業のせいです。
- 自分が悪いのに人のせいにしてはいけません。

2 ～すぎる 너무 ～하다

- きのうは飲みすぎてしまった。
- バイトをしすぎると勉強する時間がなくなる。
- この問題は私には難しすぎますね。
- 彼は慎重すぎていつもチャンスを逃してしまう。

※ 食べすぎは体によくないですから気を付けてください。
※ 金さんは最近働きすぎのようです。

어휘

遅刻(ちこく) 지각 出発(しゅっぱつ) 출발 遅(おく)れる 보통[예정]보다 늦어지다 複雑(ふくざつ)だ 복잡하다
道(みち)に迷(まよ)う 길을 잃다[헤매다] 連日(れんじつ) 연일, 매일 残業(ざんぎょう) 잔업 自分(じぶん) 자신 ～のに ～인데(도 불구하고)
～てはいけない ～해서는 안 된다 慎重(しんちょう)だ 신중하다 逃(のが)す 놓치다

3　〜たものだ　〜(하)곤 했다

* 昔は二人でよく遊んだものだ。
* 大学時代は友だちと一緒によく旅行をしたものだ。
* 私も子供のころはたくさんいたずらをしたものです。
* 父にはよくしかられたものだ。

4　〜ばかり　〜만, 〜뿐

* 遊んでばかりいないで早く宿題しなさい。
* 車に乗ってばかりいると足が弱くなりますよ。
* 佐藤さんはお酒は飲まないでおつまみばかり食べている。
* うちの子供は最近勉強はしないでゲームばかりしています。

※ 教室に学生が10人ばかりいます。
※ 日本に来たばかりでまだ日本語が下手です。

어휘

大学時代(だいがくじだい) 대학 시절　いたずらをする 장난을 치다　つまみ 술안주

1 보기와 같이 문장을 완성해 보세요.

> 보기
> 大雪が降りました / 道路の渋滞が激しいです
> ➡ 大雪が降ったせいで、道路の渋滞が激しいです。

① 母が起こしてくれなかったです / 学校に遅れてしまいました

➡ _____

② 食べすぎました / 前より太ってしまいました

➡ _____

③ 円高です / 日本への留学生が減ってきました

➡ _____

④ 風邪薬です / 一日中眠かったです

➡ _____

2 보기와 같이 문장을 바꿔 보세요.

> 보기
> ピザを食べる ➡ ピザを食べすぎた。

① きのう、歩く ➡ _____

② 金さんは働く ➡ _____

③ ケーキは甘い ➡ _____

④ 数学の試験は簡単だ ➡ _____

어휘

大雪(おおゆき) 대설, 큰눈 道路(どうろ) 도로, 길 渋滞(じゅうたい) 정체, 지체 激(はげ)しい 심하다 起(お)こす 깨우다
~てくれる (남이 나에게) ~(해) 주다 ~より ~보다 太(ふと)る 살찌다 円高(えんだか) 엔고, 엔화 강세 減(へ)る 줄다
風邪薬(かぜぐすり) 감기약 一日中(いちにちじゅう) 하루 종일 眠(ねむ)い 졸리다 ピザ 피자

3 보기와 같이 주어진 말을 「~たものだ」 문형을 이용해 바꿔 보세요.

> 보기
> お父さんは若い時、毎日夜遅くまで(　　　　)(働く)
> → お父さんは若い時、毎日夜遅くまで(働いたものだ)。

① 子供の時はこの公園でよく(　　　　)(遊ぶ) → ＿＿＿＿＿＿＿＿

② 昔は食べるものがなくて(　　　　)(苦労する) → ＿＿＿＿＿＿＿＿

③ 以前は古くなっても使えるものは(　　　　)(捨てない) → ＿＿＿＿＿＿

④ 高校の時は日本のアニメに(　　　　)(夢中になっている) → ＿＿＿＿＿＿

4 (　　　　) 안의 말을 「~ばかり」 문형을 이용해 바꿔 보세요.

① 吉田さんは勉強しないで(テレビ・見る)

→ ＿＿＿＿＿＿＿＿＿＿＿＿＿＿＿＿＿＿＿＿＿＿＿＿＿＿

② 山田さんはお金がないのに(ブランド品・買う)

→ ＿＿＿＿＿＿＿＿＿＿＿＿＿＿＿＿＿＿＿＿＿＿＿＿＿＿

③ 高橋君は授業中に(寝ている)

→ ＿＿＿＿＿＿＿＿＿＿＿＿＿＿＿＿＿＿＿＿＿＿＿＿＿＿

④ そんなに(働いている)と病気になるかもしれないよ

→ ＿＿＿＿＿＿＿＿＿＿＿＿＿＿＿＿＿＿＿＿＿＿＿＿＿＿

어휘

苦労(くろう) 고생　古(ふる)い 낡다. 오래되다　捨(す)てる 버리다　夢中(むちゅう)だ 열중하다. 몰두하다　ブランド品(ひん) 명품

1 ～せい ～탓, ～때문

A: ①交通が不便なせいで、②村の人口が③減ってきました。

B: それは大変ですね。

1 ① 雨が降らない　② 野菜の値段　③ 上がる

2 ① 運動不足　② 階段を登るの　③ 辛くなる

2 ～すぎる 너무 ～하다

A: ①眠いんですか。

B: ええ、きのう、夜遅くまで②遊びすぎました。

1 ① 具合悪い　② 飲む

2 ① 喉が痛い　② 歌う

3 ～たものだ ～(하)곤 했다

A: ①昔はよく②この木に登って③遊んだものだ。

B: 懐かしいですね。

1 ① 学校の帰りに　② この店で　③ 食べる

2 ① 小学生のころ　② 授業時間に　③ いたずらをする

4 ～ばかり ～만, ～뿐

A: 佐藤さんは①仕事をしないで②おしゃべりしてばかりいますね。

B: それは困ったもんですね。

1 ① 何も言わない　② 泣く

2 ① 勉強しない　② マンガを読む

42. MP3

オンラインゲームは、電話回線を利用するものも（①   ）とかなり前からありましたが、（②   ）オンラインゲームのブームが起こるきっかけになったのは、1998年にアメリカの会社が発売した「スタークラフト」というゲームでした。このゲームは今でもオンラインゲームの最高（③   ）と言われるほど人気があります。続いて2001年には韓国のマンガをゲーム化した「リネージュ」というゲームが登場し、韓国、日本、中国、台湾などでサービスが（④   ）されています。

1 内容をよく聞いて（   ）に入る言葉を書きましょう。

①   ②   ③   ④

2 「スタークラフト」を発売した会社はどの国ですか。

① アメリカ   ② 韓国   ③ 中国   ④ 日本

3 内容に合っているものはどれですか。

① 世界で初めて作られたオンラインゲームは「スタークラフト」だ。

②「リネージュ」というゲームは韓国のマンガから生まれたものだ。

③ 日本では「リネージュ」をプレーすることはできない。

어휘

村(むら) 마을　値段(ねだん) 값, 가격　上(あ)がる (값이) 오르다　階段(かいだん) 계단　登(のぼ)る 오르다. 올라가다　辛(つら)い 괴롭다
具合(ぐあい) (건강) 상태. 컨디션　喉(のど) 목　帰(かえ)り 귀갓길　おしゃべり 잡담　困(こま)る 곤란하다. 난처하다
何(なに)も (부정의 말을 수반하여) 아무것도　泣(な)く 울다　かなり 꽤, 상당히　ブーム 붐　起(お)こる (새로운 사건이) 일어나다. 발생하다
きっかけ 계기　～ほど ～만큼, ～정도　続(つづ)く 계속하다. 이어지다　プレー 플레이

부록

❶ 본문 회화 해석&Challenge 정답

01 花粉症

본문 회화 해석 ▶ p.9

이   : 마쓰모토 씨, 꽤 따뜻해졌네요.
마쓰모토 : 그러네요. 따뜻한 건 좋은데 저는 봄을 싫어하거든
          요.
이   : 왜요?
마쓰모토 : 꽃가루 알레르기 때문에 눈이 가려워지기도 하고 콧
          물이 나기도 해서요.
이   : 정말 힘드시겠네요.
          요즘 한국에서도 꽃가루 알레르기 때문에 고생하는
          사람이 늘고 있어요.
마쓰모토 : 한국도 그래요?
          일본에서는 꽃가루 알레르기를 예방하기 위해서 항
          균 마스크를 쓰는 사람이 많아요.
이   : 그럼, 마쓰모토 씨도 항균 마스크를 갖고 있어요?
마쓰모토 : 네, 외출할 때는 꼭 써요.

Challenge 정답 ▶ p.12

1 ① 風が強くなりました。
  ② だんだん寒くなりました。
  ③ 日本語がおもしろくなりました。
  ④ 成績がよくなりました。

2 ① 大学に入るのは難しいです。
  ② 物価が上がるのは問題です。
  ③ 子供の世話をするのは苦手です。
  ④ 母が作ったのはおいしいです。

3 ① 風邪を引いて咳が出るんです。
  ② 最近、とても忙しいんです。
  ③ 今日は暇なんです。
  ④ これはブランド品なんです。

4 ① 海外旅行をするためにコンビニで働いてい
     ます。
  ② 彼女を守るためにテコンドーを習っていま
     す。
  ③ 友だちのためにケーキを作りました。
  ④ 就職のために英語の勉強をしています。

02 大型連休

본문 회화 해석 ▶ p.17

김   : 일본은 매년 4월말부터 장기연휴가 있다고 들었는데
          요.
마쓰모토 : 네, 4월 29일부터 5월 5일까지 국경일이 많고, 일요
          일과 겹치면 월요일이 대체휴일이 되니까요.
김   : 아ー, 그래요?
마쓰모토 : 게다가 연휴 전후에 휴가를 받으면 열흘 이상이나 쉴
          수 있어요.
김   : 정말 부럽네요.
마쓰모토 : 일본은 이 시기가 황금연휴여서, 고향에 돌아가는
          사람과 해외여행하러 가는 사람이 많아요.
김   : 마쓰모토 씨는 연휴에 뭔가 예정이 있어요?
마쓰모토 : 네, 실은 홋카이도에 놀러 갈 예정이에요.

Challenge 정답 ▶ p.20

1 ① この薬を飲めば風邪が治ります。
  ② 冷蔵庫に入れれば腐りません。
  ③ 辞書を使えば意味がわかります。
  ④ 勉強しなければ合格できません。

2 ① りんごを5つも食べました。
  ② 新しいノートを6冊も買いました。
  ③ きのうは12時間も寝ました。
  ④ 今日はコーヒーを4杯も飲みました。

3 ① あした、友だちと映画を見に行きます。
  ② あさって、金さんとゴルフをしに行きます。
  ③ 来週、木村さんに会いに行きます。
  ④ 毎週月曜日、日本語を教えに行きます。

4 ① 新宿のビジネスホテルに泊まる予定です。
  ② 卒業式は金曜日に行われる予定です。
  ③ あした、会社の面接を受ける予定です。

④ 週末ディズニーランドへ遊びに行く予定です。

---

④ 暇なうちに部屋の掃除をしておきましょう。

03　誕生日

본문 회화 해석 ▶ p.25

(백화점에서)

마쓰모토 : 이토 씨 선물, 뭐가 좋으려나.

이 　　　: 아, 이토 씨, 일전에 스카프를 갖고 싶어 했어요.

마쓰모토 : 그래요? 그럼, 스카프로 해요.

이 　　　: 마음에 들어 해 주면 좋겠는데.

마쓰모토 : 생일 축하해요!

이 　　　: 마음에 들지 어떨지 모르겠지만 이거 저희가 드리는 선물이에요.

(선물 상자를 연다)

이토 　　: 와ー, 멋진 스카프. 제가 좋아하는 색이에요. 정말 고마워요.

이 　　　: 마음에 들어 해 줘서 다행이다. 자아, 요리가 따뜻한 동안에 먹죠.

Challenge 정답 ▶ p.28

1 ① 姉はブランド品のバッグをほしがっています。

② 妹はワイングラスのセットをほしがっています。

③ 弟は自転車をほしがっていました。

④ 金さんは何をほしがっていますか。

2 ① クリスマスに雪が降るといいですね。

② ここに本棚があるといいですね。

③ 会社が家から近いといいですね。

④ 日本語が早く上手になるといいですね。

3 ① 先約があるかどうか確かめてみてください。

② 覚えているかどうかテストしてみてください。

③ おもしろいかどうか読んでみてください。

④ 便利かどうか使ってみてください。

4 ① グラスにビールが残っているうちに注ぎましょう。

② 若いうちにいろいろな経験をしましょう。

③ 食べ物は新鮮なうちに食べましょう。

04　文化の違い

본문 회화 해석 ▶ p.33

이 　　　: 지난주 금요일, 생일이었다면서요? 파티는 했어요?

마쓰모토 : 네, 요전에 같이 간 레스토랑이 있잖아요?

거기서 친구들과 모두 함께 식사를 했어요.

그리고 노래방에 갔는데 (노래를 억지로 시켜서) 다섯 곡이나 불렀어요.

이 　　　: 정말 힘들었겠네요.

그런데 한국에서는 생일에 본인이 한턱내는데 일본도 똑같아요?

마쓰모토 : 아뇨, 일본에서는 생일인 사람은 모두에게 대접받아요.

이 　　　: 네? 그래요? 한국과 다르네요.

마쓰모토 : 한국과 일본, 비슷한 것 같으면서 다른 점도 꽤 있네요.

Challenge 정답 ▶ p.36

1 ① アメリカから彼女が来たそうですね。

② あのレストランはおいしかったそうですね。

③ この辺は静かだったそうですね。

④ 佐藤さんは記者だったそうですね。

2 ① あそこに薬屋が見えるじゃないですか。

② そのワンルームマンションは少し狭いじゃないですか。

③ 韓国はキムチが有名じゃないですか。

④ その日は日本の祝日じゃないですか。

3 ① (私は)先輩に歌を歌わされました[歌わせられました]。

② (私は)彼女に荷物を持たされました[持たせられました]。

③ (私は)子供の時、母に野菜をたくさん食べさせられました。

④ (私は)父に車の運転をさせられました。

4 ① 彼は人の話を(聞いているようで)聞いていません。

② 先生は(やさしいようで)案外、厳しいです。

③ 今週は(暇なようで)暇じゃないです。

④ 彼女は一見(お金持ちのように)実際は貧乏です。

しまいました。
④ 母は窓も(閉めないで)出かけました。

05 漢字

본문 회화 해석 ▶ p.41

이토 : 무슨 일 있어요? 기운이 없네요.

김 : 실은 요즘 일본어 공부가 잘 안 돼서요….
일본어, 생각보다 어렵네요.

이토 : 하지만 문법이 비슷하고 한자 발음도 비슷하고 하니까,
다른 외국어보다는 간단하죠?

김 : 문법은 어렵지 않은데 한자 읽는 법이 많이 있어서요.
사전을 찾지 않고 책을 읽는 건 제게는 아직 무리예요.

이토 : 저는 한국어 발음 때문에 고생하고 있는데 김 씨도 힘들
겠네요. 어쨌든 서로 단념하지 말고 열심히 해요.

Challenge 정답 ▶ p.44

1 ① 英語ができなくて恥ずかしかったです。
② 生活費が足りなくてバイトを始めました。
③ 漢字が読めなくて友だちに教えてもらいました。
④ バスが来なくて約束の時間に遅れてしまいました。

2 ① ここは静かだし、空気もいいし、とてもいい町です。
② 彼はハンサムだし、マナーもいいし、頭もいいです。
③ あしたはテストだし、発表もあるし、一日中忙しいです。
④ 買い物も行って来たし、洗濯もしたし、ちょっと休みましょう。

3 ① メールの送り方を教えてください。
② 漢字の読み方を教えてください。
③ お茶の入れ方を教えてください。
④ 敬語の使い方を教えてください。

4 ① きのうは疲れてシャワーも(浴びないで)寝てしまった。
② 日本の小説を辞書も(引かないで)読みました。
③ 彼は「さよなら」の一言も(言わないで)帰って

06 ケータイ

본문 회화 해석 ▶ p.49

김 : 이토 씨, 새 휴대폰이에요? 멋있네요.

이토 : 네. 최신 모델로 디자인도 마음에 들어서 사 버렸어요.

김 : 요즘 새로운 디자인의 휴대폰이 매일같이 나오고 있죠.
저도 휴대폰 산 지 얼마 안 됐는데 또 새것이 갖고 싶어요.

이토 : 요즘 IT업계는 경쟁이 심하니까요.

김 : 그렇죠.
그런데 일본에서는 전철 안에서 휴대폰을 쓰는 사람을
본 적 없는데, 휴대폰 사용하는 건 금지되어 있어요?

이토 : 금지되어 있지는 않은데 다른 사람에게 폐가 되니까 그
다지 사용하지 않아요. 착신도 매너모드로 하거나 하죠.

Challenge 정답 ▶ p.52

1 ① きのう彼女に会ったばかりです。
② さっきコーヒーを飲んだばかりです。
③ このビルは先月建ったばかりです。
④ 今年の4月に就職したばかりです。

2 ① アメリカに5年間いたのに英語があまり上手ではありません。
② 家が近いのによく学校に遅れます。
③ この花はきれいなのに誰も買いません。
④ 日曜日なのに会社に行かなければなりません。

3 ① 吉田さんがアメリカに留学するって本当ですか。
② あの店はまずいってみんな言っています。
③ そのバイトは楽だって先輩から聞きました。
④ 営業の仕事ってけっこう大変ですよ。

4 ① 久しぶりにいなかへ帰れたのでうれしかった。
② この道は狭かったので通れなかった。
③ お腹がいっぱいだったので食べられなかった。
④ 雨だったので傘をさして散歩した。

본문 회화 해석 ▶ p.57

이 : 여름방학에 일본에 여행하러 가고 싶은데 어디가 좋아요?

마쓰모토 : 글쎄요. 이 씨는 더운 건 괜찮아요?

이 : 저는 더위에 약해서 가능하면 시원한 데가 좋겠어요.

마쓰모토 : 그럼, 홋카이도라든가 도호쿠는 어때요?
홋카이도는 경치가 아름답고 음식도 맛있어요.

이 : 그래요?
그런데 홋카이도에서는 일본다운 분위기도 즐길 수 있나요?

마쓰모토 : 음…. 일본다운 곳이라고 하면 역시 교토죠.

이 : 그래요? 그럼, 이번에는 교토에 갈게요.

마쓰모토 : 즐거운 여행이 되면 좋겠네요.

Challenge 정답 ▶ p.60

1 ① 大きさ
  ② 重さ
  ③ 寒さ
  ④ 不便さ

2 ① (野菜とか果物とか)たくさん取ったほうがいいです。
  ② (草津とか別府とか)いろいろな温泉へ行ってきました。
  ③ 近くには(銀行とか病院とか)生活に必要な施設が揃っています。
  ④ 連休の時は(海外に行くとか実家に帰るとか)しています。

3 ① 私は(男らしい)人が好きです。
  ② 遅刻するなんて(彼らしくない)ですね。
  ③ ここ何日か(雨らしい)雨が降っていない。
  ④ 最近は(子供らしい)子供が少なくなった。

4 ① 日本の花と言えば桜です。
  ② 日本の代表的な食べ物と言えば寿司です。
  ③ 世界で有名な日本の作家と言えば川端康成です。
  ④ 演技のうまい俳優と言えば木村拓哉です。

본문 회화 해석 ▶ p.65

이토 : 오늘은 아침부터 꽤 덥네요.

이 : 네, 일본의 여름도 이렇게 더워요?

이토 : 네, 지역에 따라서 다르지만 일본은 무더워요.

이 : 정말 견딜 수 없겠네요.
한국은 더워도 산뜻하니까요.

이토 : 네, 그래서 일본 사람들은 여름에 유카타를 입어요.

이 : 아ー, 축제나 불꽃놀이대회에서 입는 일본옷 말이죠?

이토 : 네, 일본에 있었을 때는 오미코시를 멘 적도 있어요.

이 : 와ー, 나도 일본 축제를 보고 싶네.

이토 : 아ー, 가토 부장님은 올해 가족 모두 참가하신대요.

Challenge 정답 ▶ p.68

1 ① 国によって習慣が違います。
  ② 品物によって値段が違います。
  ③ 会社によって給料が違います。
  ④ 色によってイメージが違います。

2 ① 普段はラフな格好ですが、時々スーツを着ることもあります。
  ② 時々家族と温泉に行くこともあります。
  ③ 親しい友だち同士でもたまにけんかすることもあります。
  ④ いくら上手な人でもたまにはミスをすることもあります。

3 ① 自分のホームページを(作ってみたい)。
  ② いい人なら一度(会ってみたい)。
  ③ 卒業したら貿易関係の会社で(働いてみたい)。
  ④ 庭付きの一戸建てに(住んでみたい)。

4 ① お花見にはもう行かれましたか。
  ② 部長、奥様には会われましたか。
  ③ 社長はあさってカナダから来られます。
  ④ 部長はあしたのパーティーに出席されますか。

김 : 마쓰모토 씨는 더위에 강한 편이에요?

마쓰모토 : 아뇨, 더위는 질색으로 실은 요즘 여름을 타는 것 같아요.

김 : 그럼, 삼계탕을 먹어 보면 어때요?

마쓰모토 : 네? 삼계탕이 뭐예요?

김 : 닭을 푹 끓인 탕요리로 먹으면 기운이 나요.

마쓰모토 : 허, 어디에 가면 먹을 수 있어요?

김 : 그럼, 오늘 같이 먹으러 가요. 맛있는 가게, 알고 있으니까요.

Challenge 정답 ▶ p.84

1 ① 髪の長い男性の数が増えてきました。
  ② 畳が古くなってきました。
  ③ 朝夕涼しくなってきました。
  ④ 子供を産まない夫婦が多くなってきました。

2 ① 今週も忙しいが、先週ほどではない。
  ② 金さんもやさしいが、李さんほどではない。
  ③ このパソコンも便利だが、そのパソコンほどではない。
  ④ ゴルフも得意だが、スカッシュほどではない。

3 ① 父は体力が衰えぎみです。
  ② 娘は少し太りぎみです。
  ③ 妹は最近便秘ぎみです。
  ④ 姉は貧血ぎみです。

4 ① ご両親に相談したらどうですか。
  ② 予約を確認したらどうですか。
  ③ 健康診断を受けたらどうですか。
  ④ メールをもう一度送ったらどうですか。

---

09 割勘

본문 회화 해석 ▶ p.73

김 : 오늘 밤에 기무라 씨의 송별회를 하게 됐는데요, 어디가 좋을까요?

마쓰모토 : 음…, 글쎄요. 역 앞에 있는 '하나'라는 가게는 어때요?

김 : 아ー, 요전에 같이 갔던 그 가게요?
  요리도 맛있었고 거기로 할까?

마쓰모토 : 그럼, 예약하는 편이 좋겠어요. 예산은 얼마예요?

김 : 잘 모르겠는데 보통 얼마 정도예요?

마쓰모토 : 음…, 한 사람에 3천 엔 정도로 각자 부담하면 될 거예요.

김 : 아ー, 그러면 부담도 안 되고 좋겠네요.

Challenge 정답 ▶ p.76

1 ① 家庭の事情で会社を辞めることになりました。
  ② 仕事の関係で引っ越しすることになりました。
  ③ 来月から営業部で働くことになりました。
  ④ 今月はボーナスが出ないことになりました。

2 ① 部長は来るでしょうか。
  ② その店のお刺身はおいしいでしょうか。
  ③ 交通は便利でしょうか。
  ④ 新しい店長はどんな人でしょうか。

3 ① 部長へのお土産は(何にしましょうか)。
  ② タケシの卒業祝いは(財布にしました)。
  ③ 窓から海が見える(部屋にしてください)。
  ④ デザートは(アイスクリームにします)。

4 ① お金のことなら心配しなくてもいいですよ。
  ② 電子辞書なら机の上にあります。
  ③ そんなに痛いなら病院に行ったほうがいいですよ。
  ④ あとで部屋を出るなら電気を消しておいてください。

---

10 夏ばて

본문 회화 해석 ▶ p.81

김 : 8월에 접어들면서 본격적으로 더워졌네요.

마쓰모토 : 네, 참지 못할 정도는 아니지만 찬 것을 원하게 되는

---

11 アニメ

본문 회화 해석 ▶ p.89

마쓰모토 : 이 씨의 일본어는 매우 자연스럽고 간결하네요.
  어떻게 (해서) 공부했어요?

김 : 일본 애니메이션이랑 드라마를 좋아해서 몇 번이나 보고 외웠어요.

마쓰모토 : 아ー, 애니메이션이랑 드라마를 보면서 공부했군요.

김 : 네, 자막 없이 보고 싶어서요.

마쓰모토 : 저는 영화를 좋아하는데 한국 영화는 '올드보이'밖에

본 적이 없어요.

김　　　：아, 그래요? 요즘 한국 드라마는 재미있는 것이 많아요.

마쓰모토 : 그래요? 저도 한국 드라마를 보면 한국어를 잘하게 될지도 모르겠군요.

Challenge 정답 ▶ p.92

1 ① 何日も
　② 何度も
　③ 何冊も
　④ 何個も

2 ① バイトをしながら日本語を勉強している。
　② シャワーを浴びながら鼻歌を歌っている。
　③ ビールを飲みながらポテトチップを食べている。
　④ 手帳を見ながら電話をしている。

3 ① 彼のケータイ番号しか知りません。
　② アメリカには一回しか行ったことがありません。
　③ 机の上には新聞しかありません。
　④ 日本のドラマしか見ません。

4 ① 今年のクリスマスには(雪が降るかもしれない)。
　② 早めに家を(出たほうがいいかもしれない)。
　③ 山田さんは(優しい人かもしれない)。
　④ もう(だめかもしれない)。

12 運転

본문 회화 해석 ▶ p.97

마쓰모토 : 이 씨는 운전을 잘하네요.

김　　　：면허를 딴 지 10년 되는 데다 매일 운전하니까요.

마쓰모토 : 이 씨의 차, 좋네요. 운전하기 쉬워요?

김　　　：네, 내비게이션도 설치되어 있어서 길을 잃지도 않고요.

마쓰모토 : 저도 면허는 있는데 한국은 운전하기 어려워요. 핸들도 반대고 우측통행이고.

김　　　：그래요? 익숙해지기까지 조금 더 시간이 걸리겠죠. 어쨌든 사고를 일으키지 않도록 하세요.

마쓰모토 : 예. 저도 한국에서 잘 운전할 수 있게 되고 싶네요.

Challenge 정답 ▶ p.100

1 ① その歌は覚えやすい。
　② この薬は飲みやすい。
　③ 山田先生の説明はわかりやすい。
　④ オムライスは作りやすい。

2 ① このボールペンは太くて(書きにくい)です。
　② (読みにくい)文章の本はあまり人気がない。
　③ このコピー機は操作が複雑で(使いにくい)。
　④ (わかりにくい)ところがあったら、気軽に質問してください。

3 ① できるだけ時間を守るようにしています。
　② 朝ご飯はきちんと食べるようにしています。
　③ 電車の中では電話しないようにしています。
　④ 一日30分ぐらいは歩くようにしています。

4 ① 日本のドラマに興味を持つようになりました。
　② 日本の新聞が読めるようになりました。
　③ 日本に来てから納豆をよく食べるようになりました。
　④ 子供ができて朝早く起きるようになりました。

13 プチ整形

본문 회화 해석 ▶ p.105

이　：이토 씨, 오랜만이네요. 어머, 무언가 좀 분위기가 바뀐 것 같네요.

이토 : 실은 쌍꺼풀을 했거든요.

이　：아, 그래요? 아주 자연스럽네요.

이토 : 정말요? 다행이다. 훨씬 전부터 쌍꺼풀을 하고 싶었는데 도무지 용기가 없어서.

이　：저도 눈밑 주름, 신경 쓰여요.

이토 : 그럼, 쁘띠성형을 하면 되겠네요.

이　：네? 쁘띠성형이라는 게 뭐예요?

이토 : 일본에서는 비교적 간단한 미용성형을 쁘띠성형이라고 하거든요.

Challenge 정답 ▶ p.108

1 ① お金がなくて困っているみたいです。
　② フランスから木村さんが帰って来たみたいです。

③ あのコピー機は使い方が不便みたいです。

④ この頃、暑くてまるで夏みたいです。

2 ① 一人で解決しようとしましたが、どうも(うまくいきません)。

② 友だちの引っ越しを手伝うつもりだったけど、どうも(時間がありません)。

③ アナウンサーになりたいと思っているんですが、どうも(発音がはっきりできません)。

④ 転職したいんですが、どうも(いい会社が見つかりません)。

3 ① 田中さんは割と信用があります。

② 彼のアパートは割と広かったです。

③ あのレストランは割とお客が多いです。

④ きのうの試験は割と簡単でした。

4 ① レポートのことでお願いしたいんですが。

② 今度の発表会のことで聞きたいんですが。

③ あしたの飲み会のことで言っておきたいんですが。

④ 面接のことで伝えたいんですが。

③ 円高のせいで、日本への留学生が減ってきました。

④ 風邪薬のせいで、一日中眠かったです。

2 ① きのう、歩きすぎた。

② 金さんは働きすぎた。

③ ケーキは甘すぎた。

④ 数学の試験は簡単すぎた。

3 ① 子供の時はこの公園でよく(遊んだものだ)。

② 昔は食べるものがなくて(苦労したものだ)。

③ 以前は古くなっても使えるものは(捨てなかったものだ)。

④ 高校の時は日本のアニメに(夢中になっていたものだ)。

4 ① 吉田さんは勉強しないで(テレビばかり見る)。

② 山田さんはお金がないのに(ブランド品ばかり買う)。

③ 高橋君は授業中に(寝てばかりいる)。

④ そんなに(働いてばかりいる)と病気になるかもしれないよ。

14　オンラインゲーム

본문 회화 해석 ▶ p.113

마쓰모토 : 어, 김 씨. 무슨 일이에요? 눈이 빨갛네요.

김 : 네, 실은 게임 때문이거든요.

마쓰모토 : 저런. 리포트라도 썼나 싶었더니 게임을 너무 한 거였군요.

김 : 네, 재미있어서 그만 빠져 버려서.
정신이 들었더니 아침 6시였어요.

마쓰모토 : 저도 중학생 때는 밤늦게까지 해서 자주 어머니에게 꾸중을 듣곤 했었죠.

김 : 허, 그랬어요?

마쓰모토 : 하지만 게임만 하고 있으면 건강을 해쳐 버려요.

김 : 그러네요. 주의할게요.

Challenge 정답 ▶ p.116

1 ① 母が起こしてくれなかったせいで、学校に遅れてしまいました。

② 食べすぎたせいで、前より太ってしまいました。

❷ Talk&Talk 스크립트, Listening&Reading 정답

01	花粉症(か ふん しょう)

Talk&Talk 스크립트 ▶ p.14

1 ～くなる・～になる
> 例 A：桜(さくら)の木(き)が大(おお)きくなりましたね。
> B：ええ、そうですね。
> ① A：川(かわ)の水(みず)がきたなくなりましたね。
> B：ええ、そうですね。
> ② A：町(まち)がにぎやかになりましたね。
> B：ええ、そうですね。

2 ～の
> 例 A：料理(りょう り)は得意(とく い)ですか。
> B：いいえ、でも、食(た)べるのは好(す)きです。
> ① A：歌(うた)は得意(とく い)ですか。
> B：いいえ、でも、聞(き)くのは好(す)きです。
> ② A：スポーツは得意(とく い)ですか。
> B：いいえ、でも、見(み)るのは好(す)きです。

3 ～んです
> 例 A：どうしたんですか。
> B：歯(は)が痛(いた)いんです。
> ① A：どうしたんですか。
> B：熱(ねつ)があるんです。
> ② A：どうしたんですか。
> B：コンピューターがおかしいんです。

4 ～ため(に)
> 例 A：何(なん)のために勉強(べんきょう)しているんですか。
> B：日本留学(に ほんりゅうがく)のためです。
> ① A：何(なん)のために運動(うんどう)しているんですか。
> B：健康(けんこう)のためです。
> ② A：何(なん)のために貯金(ちょきん)しているんですか。
> B：ヨーロッパ旅行(りょこう)をするためです。

Listening&Reading 정답 ▶ p.15

1 ① 近年(きん ねん)　　② 調査(ちょう さ)
　③ 実感(じっ かん)　　④ 体内(たい ない)

2 ③

3 ②

02	大型連休(おお がた れん きゅう)

Talk&Talk 스크립트 ▶ p.22

1 ～ば
> 例 A：週末(しゅうまつ)はどうしますか。
> B：晴(は)れればテニスをします。
> ① A：あしたの会議(かい ぎ)はどうしますか。
> B：時間(じ かん)があれば出席(しゅっせき)します。
> ② A：借金(しゃっきん)はどうしますか。
> B：お金(かね)があれば返(かえ)します。

2 ～も
> 例 A：どうして怒(おこ)っているんですか。
> B：彼(かれ)を3時間(じ かん)も待(ま)ったんです。
> ① A：どうして眠(ねむ)いんですか。
> B：2日間(ふつか かん)も徹夜(てつ や)をしたんです。
> ② A：どうして食(た)べないんですか。
> B：寿司(す し)を2人前(に にんまえ)も食(た)べたんです。

3 ～に行(い)く
> 例 A：ご飯(はん)を食(た)べてから、ドライブに行(い)きませんか。
> B：はい、いいですよ。
> ① A：授業(じゅぎょう)が終(お)わってからカラオケに行(い)きませんか。
> B：はい、いいですよ。
> ② A：映画(えい が)を見(み)てから、買(か)い物(もの)に行(い)きませんか。
> B：はい、いいですよ。

4 ～予定だ

例 A：朴さん、日本に留学するそうですね。
B：ええ、デザインの勉強をする予定です。
① A：朴さん、大阪に出張するそうですね。
B：ええ、来週の月曜日に帰る予定です。
② A：朴さん、海外旅行に行くそうですね。
B：ええ、あした出発する予定です。

Listening&Reading 정답 ▶ p.23

1 ① 国際　　　　② 実施
　③ 主な　　　　④ 回答者

2 ③

3 ①

---

03 誕生日

Talk&Talk 스크립트 ▶ p.30

1 ～をほしがる

例 A：田中さんの卒業祝い、何がいいかな。
B：田中さん、MP3プレーヤーをほしがって
　　いたよ。
① A：田中さんの入学祝い、何がいいかな。
B：田中さん、電子辞書をほしがっていたよ。
② A：田中さんの引っ越し祝い、何がいいかな。
B：田中さん、掛け時計をほしがっていたよ。

2 ～といい

例 A：今度の予選に勝てるといいですね。
B：ええ、そうですね。
① A：今度の就職試験に合格するといいです
　　ね。
B：ええ、そうですね。
② A：今度の大会に出場できるといいですね。
B：ええ、そうですね。

3 ～かどうか

例 A：今度、鈴木さんは韓国に来るでしょう
　　か。
B：さあ、来るかどうかまだわかりません。
① A：今月、人事異動があるでしょうか。

B：さあ、あるかどうかまだわかりません。
② A：あさって、朴選手が試合に出るでしょう
　　か。
B：さあ、出るかどうかまだわかりません。

4 ～うちに

例 A：元気なうちに世界旅行をするつもりで
　　す。
B：私は楽器を習いたいです。
① A：学生のうちに資格を取るつもりです。
B：私は遊びたいです。
② A：日本にいるうちにあちこち旅行するつ
　　もりです。
B：私は友だちを作りたいです。

Listening&Reading 정답 ▶ p.31

1 ① 実際に　　　② 下着
　③ 結果　　　　④ 参考

2 ②

3 ③

---

04 文化の違い

Talk&Talk 스크립트 ▶ p.38

1 ～たそうですね

例 A：山田さん、ハワイに行ってきたそうで
　　すね。
B：ええ、本当に楽しかったです。
① A：山田さん、ヨーロッパを旅行したそう
　　ですね。
B：ええ、本当によかったです。
② A：山田さん、朴さんとミュージカルを見
　　たそうですね。
B：ええ、本当におもしろかったです。

2 ～じゃないですか

例 A：今月の14日、朴さんの誕生日じゃない
　　ですか。
B：いいえ、来月の14日ですよ。
① A：あした、会社の面接じゃないですか。

B：いいえ、あさってですよ。

②A：今晩、山田さんの送別会じゃないですか。

B：いいえ、あしたの夜ですよ。

3 ～される[せられる]・～させられる

例 A：一週間も部長に残業させられました。

B：そうですか。大変でしたね。

①A：飲み会でみんなにお酒をたくさん飲まされました[飲ませられました]。

B：そうですか。大変でしたね。

②A：駅前で弟に1時間も待たされました[待たせられました]。

B：そうですか。大変でしたね。

4 ～ようで

例 A：佐藤さん、病気で入院したそうですよ。

B：そうですか。元気なようで、そうでもなかったんですね。

①A：佐藤さん、試験に合格したそうですよ。

B：そうですか。遊んでばかりいるようで、そうでもなかったんですね。

②A：佐藤さん、新車を買ったそうですよ。

B：そうですか。お金に困っているようで、そうでもなかったんですね。

Listening&Reading 정답 ▶ p.39 ──────

1 ① 教育　　　② 用意
　③ お腹を壊す　④ 理解

2 ①

3 ①

05 漢字

Talk&Talk 스크립트 ▶ p.46

1 ～なくて

例 A：日本旅行はどうでしたか。

B：旅行会社のミスで温泉に行けなくて残念でした。

①A：コンサートはどうでしたか。

B：席が後ろの方でよく見えなくて残念でした。

②A：社員旅行はどうでしたか。

B：雨で外で遊べなくて残念でした。

2 ～し

例 A：木村さんはどんな人ですか。

B：誠実だし、やさしいし、とても人気がありますよ。

①A：木村さんはどんな人ですか。

B：スタイルもいいし、スポーツも万能だし、とても人気がありますよ。

②A：木村さんはどんな人ですか。

B：仕事もできるし、おもしろいし、とても人気がありますよ。

3 ～方

例 A：この機械の使い方を教えてください。

B：ええ、いいですよ。

①A：この料理の作り方を教えてください。

B：ええ、いいですよ。

②A：この植物の育て方を教えてください。

B：ええ、いいですよ。

4 ～ないで

例 A：きのうはご飯も食べないで勉強しました。

B：えっ、だめですよ。

①A：きのうは歯もみがかないで寝ました。

B：えっ、だめですよ。

②A：きのうは宿題もしないで友だちと遊びました。

B：えっ、だめですよ。

Listening&Reading 정답 ▶ p.47 ──────

1 ① 中国　　　② 半分
　③ ハングル　④ 意外

2 ④

3 ③

06 ケータイ

Talk&Talk スク립트 ▶ p.54

1 ～たばかり

例 A：彼、日本語ができるんですか。
　　B：始めたばかりだから、まだできないと
　　　　思いますよ。

① A：彼、韓国人の友だちがいるんですか。
　　B：韓国に来たばかりだから、まだいないと
　　　　思いますよ。

② A：彼、もう出かけたんですか。
　　B：出たばかりだから、まだその辺にいる
　　　　と思いますよ。

2 ～のに

例 A：佐々木さん、また落ちたそうですよ。
　　B：試験前なのにお酒を飲んでいましたから
　　　　ね。

① A：佐々木さん、腕相撲大会で優勝したそう
　　　　ですよ。
　　B：小柄なのにすごいですね。

② A：佐々木さん、先月で会社を辞めたそうで
　　　　すよ。
　　B：せっかく親しくなったのに残念ですね。

3 ～って

例 A：リサイクルって何ですか。
　　B：物を再利用するということですよ。

① A：イケメンって何ですか。
　　B：ハンサムな若い男性ということですよ。

② A：グルメって何ですか。
　　B：美食家ということですよ。

4 ～ので

例 A：日本語が下手なので、ゆっくり話して
　　　　ください。
　　B：はい、わかりました。

① A：ペンキが乾いていないので、気を付けて
　　　　ください。
　　B：はい、わかりました。

② A：来週パーティーがあるので、予定を空け
　　　　ておいてください。
　　B：はい、わかりました。

Listening&Reading 정답 ▶ p.55

1 ① 順　　　　　　　② 性別
　 ③ 異なり　　　　 ④ 頻繁に

2 ①

3 ③

07 旅行

Talk&Talk スク립트 ▶ p.62

1 ～さ

例 A：あの山の高さはどれくらいですか。
　　B：さあ、よくわかりません。

① A：韓国の国土の広さはどれくらいですか。
　　B：さあ、よくわかりません。

② A：日本列島の長さはどれくらいですか。
　　B：さあ、よくわかりません。

2 ～とか

例 A：朴さんはよくスポーツをしますか。
　　B：ええ、テニスとか水泳とかをします。

① A：朴さんはよく音楽を聞きますか。
　　B：ええ、ジャズとかJ-POPとかを聞きます。

② A：朴さんはよくテレビを見ますか。
　　B：ええ、ドラマとかニュースとかを見ます。

3 ～らしい

例 A：山本君は生意気ですね。
　　B：そうですね。新入社員らしくないですね。

① A：田中さんはいつもミニスカートですね。
　　B：そうですね。主婦らしくないですね。

② A：ユミちゃんはいつも厚化粧ですね。
　　B：そうですね。大学生らしくないですね。

4 ～と言えば

例 A：フランスと言えば、やっぱりワインでし
　　　　ょう。
　　B：うーん、私はフランスというと、ファッ

ションを思い出しますね。

① A：日本の食べ物と言えば、やっぱり寿司でしょう。

B：うーん、私は日本の食べ物というと、トンカツを思い出しますね。

② A：韓国の食べ物と言えば、やっぱりキムチでしょう。

B：うーん、私は韓国の食べ物というと、焼き肉を思い出しますね。

Listening&Reading 정답 ▶ p.63

1 ① 通貨　　　　② 譲って
　 ③ 記録　　　　④ 上回りました

2 ④

3 ②

08　日本の夏

Talk&Talk 스크립트 ▶ p.70

1　～によって違う
例 A：曜日によって値段が違います。
　 B：渋滞もそうです。
① A：選手によって収入が違います。
　 B：待遇もそうです。
② A：季節によって果物が違います。
　 B：風景もそうです。

2　～こともある
例 A：いつも朝食はご飯ですか。
　 B：いいえ、パンを食べることもあります。
① A：いつも運動はテニスですか。
　 B：いいえ、ジョギングをすることもあります。
② A：いつも英語の試験は難しいですか。
　 B：いいえ、やさしいこともあります。

3　～てみたい
例 A：ヨーロッパを旅行したことがありますか。
　 B：いいえ、でもぜひ旅行してみたいです。
① A：歌舞伎を見たことがありますか。

B：いいえ、でもぜひ見てみたいです。
② A：犬を飼ったことがありますか。
　 B：いいえ、でもぜひ飼ってみたいです。

4　～れる・～られる
例 A：中国に留学されるそうですね。
　 B：ええ、来週行きます。
① A：出張でメキシコに行かれるそうですね。
　 B：ええ、今週の土曜日行きます。
② A：香港からご両親が来られるそうですね。
　 B：ええ、今日の午後着きます。

Listening&Reading 정답 ▶ p.71

1 ① 想像　　　　② 始まり
　 ③ 開かれて　　④ 一発

2 ③

3 ③

09　割勘

Talk&Talk 스크립트 ▶ p.78

1　～ことになる
例 A：4月から大企業に勤めることになりました。
　 B：それはおめでとう。
① A：来年から東京大学に留学することになりました。
　 B：それはおめでとう。
② A：今月から社長に就任することになりました。
　 B：それはおめでとう。

2　～でしょうか
例 A：田中さんはあした来るでしょうか。
　 B：約束したから来るでしょう。
① A：バスと電車とどっちが速いでしょうか。
　 B：ここからだったら電車の方が速いでしょう。
② A：旅館とホテルとどっちがいいでしょうか。

133

B：旅行だから、旅館の方がいいでしょう。

3 〜にする

例 A：飲み会はいつにしましょうか。

B：今週の金曜はどう。土曜は休みだし。

① A：朴さんの誕生パーティーはいつにしましょうか。

B：あさってはどう。あしたまで試験だし。

② A：次の会議はいつにしましょうか。

B：再来週の月曜はどう。来週は忙しいし。

4 〜なら

例 A：京都へ行くなら、Ａホテルがいいですよ。

B：あ、そうですか。どうも。

① A：バイヤーと食事をするなら、Ｂレストランがいいですよ。

B：あ、そうですか。どうも。

② A：安いチケットがほしいなら、Ｃ旅行会社がいいですよ。

B：あ、そうですか。どうも。

Listening&Reading 정답 ▶ p.79

1 ① 観光客　　② 決して
　③ 新年会　　④ 原則

2 ④

3 ②

10　夏ばて

Talk&Talk 스크립트 ▶ p.86

1 〜てくる

例 A：結婚しない女性が増えてきましたね。

B：ええ、本当に多いですね。

① A：急に暖かくなってきましたね。

B：ええ、本当に暖かいですね。

② A：タクシー代が高くなってきましたね。

B：ええ、本当に高いですね。

2 〜ほど〜ない

例 A：朴さんは英語が上手ですね。

B：でも、田中さんほどではありません。

① A：今年の新入生は性格が活発ですね。

B：でも、去年ほどではありません。

② A：日本の冬は寒いですね。

B：でも、韓国ほどではありません。

3 〜ぎみ

例 A：どうして食べないんですか。

B：実は最近ちょっと太りぎみで。

① A：どうして顔色が悪いんですか。

B：実は最近ちょっと疲れぎみで。

② A：どうして元気がないんですか。

B：実は最近ちょっと風邪ぎみで。

4 〜たらどうですか

例 A：プレゼントは何がいいでしょうか。

B：うーん、ネクタイをあげたらどうですか。

① A：お土産は何がいいでしょうか。

B：うーん、お菓子を買ったらどうですか。

② A：引き出物は何がいいでしょうか。

B：うーん、食器セットにしたらどうですか。

Listening&Reading 정답 ▶ p.87

1 ① 体温　　② 内臓
　③ 疲労　　④ 不振

2 ④

3 ②

11　アニメ

Talk&Talk 스크립트 ▶ p.94

1 何〜も

例 A：一人で旅行したことがありますか。

B：はい、何度もしたことがあります。

① A：納豆を食べたことがありますか。

B：はい、何回も食べたことがあります。

② A：ペットを飼ったことがありますか。

B：はい、何匹も飼ったことがあります。

2 〜ながら

例 A：ワインを飲みながら話すのが好きです。

B：あ、そうですか。

① A：メールをチェックしながらコーヒーを飲むのが好きです。

B：あ、そうですか。

② A：ピアノを弾きながら歌を歌うのが好きです。

B：あ、そうですか。

3 ～しか

例 A：ネクタイは何本持っていますか。

B：一本しか持っていません。

① A：クレジットカードは何枚持っていますか。

B：一枚しか持っていません。

② A：日本語の辞書は何冊持っていますか。

B：一冊しか持っていません。

4 ～かもしれない

例 A：この財布、誰のですか。

B：そうですね。山田さんのかもしれません。

① A：この小説、おもしろいですか。

B：そうですね。退屈な話かもしれません。

② A：このコンピューター、新製品ですか。

B：そうですね。中古かもしれません。

Listening&Reading 정답 ▶ p.95

1 ① 登場 ② 最初
③ 製作 ④ 視聴者

2 ③

3 ③

---

12 運転

Talk&Talk 스크립트 ▶ p.102

1 ～やすい

例 A：ホテルの名前はソウルです。

B：ソウルですか。覚えやすいですね。

① A：私の会社は市庁の前です。

B：市庁の前ですか。わかりやすいですね。

② A：薬のタイプはシロップです。

B：シロップですか。飲みやすいですね。

2 ～にくい

例 A：この道は狭くて、通りにくいです。

B：気を付けてください。

① A：日本語は漢字が多くて、勉強しにくいです。

B：がんばってください。

② A：このするめは硬くて、食べにくいです。

B：よく噛んでください。

3 ～ようにする

例 A：電車の中では大きい声で話さないようにしましょう。

B：はい、わかりました。

① A：電車の中ではケータイを使わないようにしましょう。

B：はい、わかりました。

② A：電車の中では足を広げないようにしましょう。

B：はい、わかりました。

4 ～ようになる

例 A：最近はメールで連絡を取るようになりました。

B：じゃ、手紙はなくなるかもしれませんね。

① A：最近はインターネットで世界のニュースが見られるようになりました。

B：じゃ、衛星放送はなくなるかもしれませんね。

② A：最近は電動歯ブラシで歯をみがくようになりました。

B：じゃ、歯ブラシはなくなるかもしれませんね。

Listening&Reading 정답 ▶ p.103

1 ① 乗り降り ② 後部
③ 乗客 ④ 開け閉め

2 ③

3 ②

Talk&Talk スクリプト ▶ p.110

1 〜みたいだ

例 A：赤ちゃんが泣いていますね。
B：ええ、お腹がすいているみたいですね。

① A：田中さん、今日顔色が悪いですね。
B：ええ、体の調子がよくないみたいですね。

② A：玄関で音がしましたね。
B：ええ、誰か来たみたいですね。

2 どうも

例 A：がんばっているんですが、どうもうまくいかないんです。
B：元気出してください。

① A：一生懸命勉強しているんですが、どうも成績が上がらないんです。
B：元気出してください。

② A：仕事を探しているんですが、どうも見つからないんです。
B：元気出してください。

3 割と

例 A：この写真、割ときれいにできました。
B：よかったですね。

① A：ゆうべ、割とぐっすり眠れました。
B：よかったですね。

② A：今度のテスト、割と楽にできました。
B：よかったですね。

4 〜のこと

例 A：来週のパーティーのこと、佐藤さんに言いましたか。
B：いいえ、まだ言っていません。

① A：結婚のこと、ご両親に話しましたか。
B：いいえ、まだ話していません。

② A：送別会のこと、部長に伝えましたか。
B：いいえ、まだ伝えていません。

Listening&Reading 정답 ▶ p.111

1 ① 意識　　② 動機
　③ 様々　　④ 好調

2 ①

3 ②

Talk&Talk スクリプト ▶ p.118

1 〜せい

例 A：交通が不便なせいで、村の人口が減ってきました。
B：それは大変ですね。

① A：雨が降らないせいで、野菜の値段が上がってきました。
B：それは大変ですね。

② A：運動不足のせいで、階段を登るのが辛くなってきました。
B：それは大変ですね。

2 〜すぎる

例 A：眠いんですか。
B：ええ、きのう、夜遅くまで遊びすぎました。

① A：具合悪いんですか。
B：ええ、きのう、夜遅くまで飲みすぎました。

② A：喉が痛いんですか。
B：ええ、きのう、夜遅くまで歌いすぎました。

3 〜たものだ

例 A：昔はよくこの木に登って遊んだものだ。
B：懐かしいですね。

① A：学校の帰りによくこの店で食べたものだ。
B：懐かしいですね。

② A：小学生のころよく授業時間にいたずらをしたものだ。
B：懐かしいですね。

4 ～ばかり

例 A：佐藤さんは仕事をしないでおしゃべり
　　　してばかりいますね。

　　B：それは困ったもんですね。

① A：佐藤さんは何も言わないで泣いてばか
　　　りいますね。

　　B：それは困ったもんですね。

② A：佐藤さんは勉強しないでマンガを読ん
　　　でばかりいますね。

　　B：それは困ったもんですね。

Listening&Reading 정답 ▶ p.119 ────────

1 ① 含める　　② 本格的に
　 ③ 傑作　　　④ 提供

2 ①

3 ②

❸ 단어 색인

교재에 나온 새로운 단어를 오십음도순으로 정리했습니다.
①은 1그룹 동사, ②는 2그룹 동사, ③은 3그룹 동사입니다.

146

149